ÜLIMAALNE IDU KOOKRAAMAT

Uuendage oma taldrikut 100 maitsva iduretsepti abil

Malle Raudsepp

Autoriõigus materjal ©2024

Kõik õigused kaitstud

Ühtegi selle raamatu osa ei tohi mingil kujul ega vahenditega kasutada ega edastada ilma kirjastaja ja autoriõiguse omaniku nõuetekohase kirjaliku nõusolekuta, välja arvatud ülevaates kasutatud lühikesed tsitaadid. Seda raamatut ei tohiks pidada meditsiiniliste, juriidiliste või muude professionaalsete nõuannete asendajaks.

SISUKORD _

SISUKORD _ **3**
SISSEJUHATUS **7**
RISTIKUD **8**
   1. Värske Vietnami köögiviljade ja idude salat 9
   2. Salat tofu, seente ja ristiku idudega 11
   3. Ristiku võrse ja hummuse mähis 13
   4. Ristikuidu ja kitsejuustu salat 15

PÄEVALILLIIDUD **17**
   5. Päevalille idu salat 18
   6. Spirulina meresalat idudega 20
   7. Roheline salat Açaí marjakastmega 22
   8. Päevalilleidu ja avokaado mähis 24
   9. Päevalilleidu ja kinoakauss 26
   10. Päevalilleidu smuuti 28
   11. Päevalilleidu ja purustatud avokaado röstsai 30
   12. Päevalilleidu ja Pesto pasta 32
   13. Päevalilleidu ja tofu segatud praadimine 34
   14. Päevalilleidu ja juustutäidisega kana 36

LUTSTERNIDUD **38**
   15. Edamame ja lutserni idu salat 39
   16. Lutserni võrse ja hummuse mähis 41
   17. Kreveti salat avokaado ja lutserni idudega 43
   18. Alfalfa Idanema ja Turkey Club Sjawich 45
   19. Lutserni idu ja kinoa kauss 47
   20. Lutserni võrse ja lõhe sushikauss 49
   21. Lutserni idu ja kana Caesari mähis 51
   22. Lutserni idu ja tuunikala salatiga täidetud paprika 53
   23. Lutserni idu ja mango suverullid 55

OAVÕRSED **57**

24. Sojaubade idud Sala d 58
25. Kana- ja puuviljasalat oakapsaga 60
26. Looduslik riis, brokkoli ja tomati salat 62
27. Lumihernes , piiniapähklid ja sparglisalat 64
28. Tai stiilis mangosalat grillkrevettidega 66
29. Praetud ubad Tofuga 68
30. Oadude ja kana-nuudlite segamine 70
31. Oadude salat seesamikastmega 72
32. Oadude ja krevettide kevadrullid 74
33. Oa- ja seente idanemine 76
34. Oadõrs ja Tofu suverullid 78
35. Vürtsikas oadude supp 80
36. Oa- ja redisesalv 82

LUMIHERNE VÕRDSED 84

37. Lumiherne idanemine ja krevettide segamine 85
38. Lumiherne võrse ja seene salat 87
39. Lumeherne idu ja tofu nuudlikauss 89
40. Lumiherne võrse ja kana riisikauss 91
41. Lumiherne idanemine ja india pähkli kana segatud praadimine 93
42. Seesamikoorega Ahi tuunikala lumihernesalatiga 95
43. Lumiherne idu ja mango suvesalat 97
44. Miso-glasuuritud lõhe lumiherne võrse sautéga 99
45. Herne-nuudlisalat Wontoni ribadega 101

BRUSSELLI KAPSUD 103

46. Rooskapsas valge veiniga 104
47. Quinoa Brüsseli kapsa salat 106
48. Brüssel, porgja ja rohelised 108
49. Brüsseli kapsa salat 110
50. Butternut squash ja lehtkapsa kausid 112
51. Magusad tsitrusviljade ja lõhe kausikesed 114
52. Mason jar peet , granaatõun ja rooskapsas 117
53. Köögiviljad ja Farro 119
54. Tai kana buddha kausid 121
55. Toores rooskapsa salat 124
56. Virsikusalat hautatud lõhega 127

SEGADIDUD 129

57. Kurgi ja idu salat 130
58. Brokkoli Lillkapsa praadimine 132
59. Kurkumis röstitud köögiviljakausid 134
60. Segatud idanemine ja köögiviljade segamine 137
61. Segatud idu ja kinoa salat 139
62. Segatud idu ja hummuse mähis 141
63. Segatud idu ja kana Buddha kauss 143
64. Segatud Idanema ja Tofu Pad Thai 145
65. Segatud idu ja kikerherne karri 147
66. Segatud idu ja feta täidisega paprika 149
67. Segatud idu ja avokaado sushikauss 151

MUNGIDUD 153

68. Ema Mung Idanema salat 154
69. Hiina stiilis Gado Gado salat 156
70. Mungoa idude salat 158
71. Praetud mungoa idud tofuga 160
72. Mungoa idude ja kana nuudlisupp 162
73. Mungoa idu ja krevettide suverullid 164

DAIKONI IDUD 166

74. Merejaide salat värske Wasabi vinegretiga 167
75. Daikon Idanema ja suitsulõhe sushirull 170
76. Daikoni idude ja kanasalati mähised 172
77. Daikon Idanema ja Quinoa Kaussi 174
78. Daikoni idu ja avokaado salat 176
79. Daikon Idanema ja Krevetid Stir-Fry 178

HIRSIDUD 180

80. Hirsisidu ja juurviljapraad 181
81. Hirsi võrse ja avokaado salat 183
82. Hirsi võrse ja kikerherne Buddha kauss 185
83. Hirsi idu ja kookose karri 187
84. Hirssi võrsed salat 189

LÄÄTSIDUD 191

85. Läätse idu ja kinoa salat 192
86. Läätse idu ja kikerherne karri 194
87. Idjaatud läätsesalat 196
88. Läätse idu ja avokaado röstsai 198
89. Läätse idu ja spinati omlett 200

KIKERAIDUD 202

90. Kikerhernesalat 203
91. Idjaatud kikerhernehummus 205
92. Kikerherne idanemine ja kana praadimine 207
93. Idjaatud kikerhernes praadida 209

KINOAIDUD 211

94. Kinoa idanemine ja köögiviljade segamine 212
95. Kinoa idu ja musta oa salat 214
96. Quinoa Idanema ja Mango Kaste Mähis 216
97. Quinoa võrse ja kana Buddha kauss 218

FENUGREEKI IDUD 220

98. Fenugreek idu ja Moong Dali salat 221
99. Fenugreek idu ja spinat Paratha 223
100. Fenugreek idu ja tomati chutney 225

KOKKUVÕTE 227

SISSEJUHATUS

Tere tulemast raamatusse "Ülimaalne Idu Kookraamat", mis on kulinaarne meistriteos, mis on loodud teie söögikogemuse elavdamiseks idjaite elava ja toitva maailmaga. Järgmistel lehekülgedel kutsume teid uurima 100 maitsvat ja mitmekesist iduretsepti, mis mitte ainult ei ärrita teie maitsemeeli, vaid määratlevad uuesti ka teie mõtteviisi tervislikust toitumisest.

Idud, mille kulinaarset potentsiaali sageli alahinnatakse, on elust ja maitsest pakatavad toitumisjõuallikad. Alates oa võrsete krõmpsumisest kuni lutserni õrnade kõõludeni – iga sort toob toidulauale oma ainulaadse olemuse. See kokaraamat tähistab idjaite tähelepanuväärset mitmekülgsust, näidates, kuidas need võivad muuta tavalised toidud erakordseteks kulinaarseteks seiklusteks.

Kui asute meie kokaraamatut läbivale teekonnale, olge valmis avastama uusi tekstuure, maitsma julgeid maitseid ja olema tunnistajaks idjaite märkimisväärsele mõjule teie üldisele heaolule. Olenemata sellest, kas olete kogenud kokk või köögis algaja, need retseptid on loodud inspireerima, harima ja täiustama teie toiduvalmistamisoskusi.

Olgu " Ülimaalne Idu Kookraamat " teie kaaslaseks toitude loomisel, mis mitte ainult ei toida teie keha, vaid rõõmustavad ka meeli. Olge valmis oma taldrikut taaselustama ja nautige kokkamisrõõmu tagasihoidliku, kuid erakordse idu abil.

RISTIKUDID

1.Värske Vietnami köögiviljade ja idude salat

KOOSTISOSAD:
- 6 untsi õhukesed riisinuudlid, keedetud
- 1 tass tikutopsiga porgjait
- 3 tassi kurki lõigatud õhukesteks ribadeks
- 1 tass hakitud rohelist kapsast
- 1 tass hakitud lillat kapsast
- ½ tassi rohelist sibulat, ⅛-1/4 tolli sektsioonid
- ½ tassi redist lõigatakse õhukesteks ribadeks nagu kurgid
- ½ tassi kergelt soolatud maapähkleid
- 1-2 tassi lutserni/ristiku segu idusid
- ⅓ tassi kalakastet
- ½ tassi riisiäädikat
- 3 supilusikatäit mett või suhkrut
- 1 tl hakitud küüslauku
- 1-2 tl tšillikastet

JUHISED:
a) Sega kausis kõik köögiviljad ja nuudlid.
b) Sega kalakaste, riisiäädikas, suhkur, küüslauk ja tšillikaste väikesesse kaussi ning vahusta.
c) Vala kaste salatile ja sega korralikult läbi.

2.Salat tofu, seente ja ristiku idudega

KOOSTISOSAD:
- 1 endiivia
- 100 grammi lambasalatit
- 1 väike radicchio
- 1 punane sibul
- 400 grammi tofut
- 100 grammi nööbiseent
- 1 spl päevalilleõli
- 2 spl sojakastet
- ½ mangot (kooritud ja tükeldatud)
- 3 spl seesamiõli
- 3 spl riisiäädikat
- soola
- värskelt jahvatatud paprika
- 1 tl mett
- 1 peotäis punase ristiku idu

JUHISED:
a) Loputage endiivia, mache ja radicchio ning lõigake otsad. Eemalda radicchio ja endiivia südamik. Pöörake kuivaks. Vajadusel rebi lehed väiksemaks või lõika tükkideks ja laota taldrikutele.
b) Lõika punane sibul rõngasteks ja puista salatirohelistele.
c) Lõika, puhasta ja viiluta seened ning lisa salatitele.
d) Lõika tofu õhukesteks ribadeks ja prae päevalilleõlis pruuniks, 2-3 minutit. Deglaseerige sojakastmega, segage hästi, eemaldage pannilt ja asetage salatitele.
e) Sega kooritud ja kuubikuteks lõigatud mango seesamiõli, 3-4 spl vee ja kastmeks riisiäädikaga. Maitsesta soola, pipra ja meega.
f) Nirista salatile kaste ja serveeri idjaitega kaunistatult.

3.Ristiku võrse ja hummuse mähis

KOOSTISOSAD:
- Täistera tortilla
- Ristiku võrsed
- Hummus
- Kurk, õhukeselt viilutatud
- Tomat, tükeldatud
- Punane sibul, õhukeselt viilutatud
- Avokaado, viilutatud
- Sool ja pipar maitse järgi

JUHISED:
a) Määri täistera tortillale rikkalik kiht hummust.
b) Laota kihiti ristiku idud, kurgiviilud, tükeldatud tomat, punane sibul ja avokaado viilud.
c) Maitsesta soola ja pipraga maitse järgi.
d) Rulli tortilla ümbrisesse ja lõika serveerimiseks pooleks.

4.Ristikuidu ja kitsejuustu salat

KOOSTISOSAD:
- Ristiku võrsed
- Segatud salatiroheline
- Kirsstomatid, poolitatud
- Kreeka pähklid, hakitud
- Kitsejuust, murendatud
- Balsamico vinegrett

JUHISED:
a) Segage suures salatikausis ristiku idud, segatud salatirohelised, kirsstomatid ja hakitud kreeka pähklid.
b) Puista peale murendatud kitsejuust.
c) Nirista peale balsamico vinegretti.
d) Viska õrnalt läbi ja serveeri.

PÄEVALILLIIDUD

5.Päevalille idu salat

KOOSTISOSAD:
S ALAD
- 3 õhukeseks viilutatud redist
- 1 ½ tassi päevalille idud
- 1 tass rukolat
- 1 kurk , viilutatud
- 2 porgjait, hakitud või tükeldatud d

RIIDEMINE
- 2 supilusikatäit värsket sidrunimahla
- 1 tl agaavi
- ½ teelusikatäit Dijoni sinepit
- ¼ teelusikatäit koššersoola
- ¼ tassi oliivõli

JUHISED:
a) Sega kõik salati koostisosad serveerimiskausis kokku.
b) Vahusta kõik kastme ained omavahel.
c) Viska see kõik kokku!

6.Spirulina meresalat idudega

KOOSTISOSAD:
- ¼ tassi vees leotatud dulse paelad
- 4 untsi beebikapsast
- 1 Türgi kurk, viilutatud
- 1 avokaado, kuubikuteks või viiludeks
- 1-2 rohelist sibulat
- 1 tass Kelp nuudleid
- 1–2 arbuusirõigast õhukesteks viiludeks
- Suitsutatud ahi, suitsulõhe, küpsetatud või suitsutatud tofu, edamame

GARNIS:
- Päevalille idud
- Kanepiseemned või päevalilleseemned
- Korijaer või söödavad õie kroonlehed

SPIRULINA KASTE:
- ¼ tassi vett
- ⅓ tassi oliiviõli
- ¼ tassi kanepiseemneid
- 3 spl õunasiidri äädikat
- 1 küüslauguküüs
- ¾ teelusikatäit soola
- ¼ tl jahvatatud pipart
- ½ tassi korijarit
- 1 tl spirulinat, rohkem maitse järgi

JUHISED:
a) Leota dulse paelad väikeses kausis vees 15 minutit või kuni need on pehmenenud
b) Valmistage Spirulina kaste – lisage kõik peale korijari ja spirulina blenderisse ning segage kuni kreemja ja sileda konsistentsiga – terve minut. Lisa korijaer ja spirulina ning puljongi, kuni see on hästi segunenud ja ühtlane.
c) Lisage salati koostisosad kaussi – esmalt rohelised, seejärel kurk, avokaado, talisibul, pruunvetikas nuudlid, redis, nõrutatud dulse ja teie valitud valk.
d) Viska peale osa kastet, niipalju, et katta.
e) Kaunista seemnete ja idjaitega.

7. Roheline salat Açaí marjakastmega

KOOSTISOSAD:
AÇAÍ MARJAKASTE
- 100-grammine pakk magustamata Açaí'd, toatemperatuur
- ¼ tassi kookosõli
- ¼ tassi õunasiidri äädikat
- 2 supilusikatäit mett
- 1 supilusikatäis chia seemneid
- 1 tl meresoola

SALAT
- 2 tassi õhukeselt viilutatud lehtkapsast
- 2 tassi õhukeselt viilutatud napakapsast
- 1 tass õhukeselt viilutatud võilillerohelist
- 1 tass õhukeselt viilutatud punast kapsast
- ½ tassi õhukeselt viilutatud basiilikut
- ½ tassi hakitud peeti
- ½ tassi hakitud porgjait
- ½ tassi röstitud kõrvitsaseemneid
- Päevalille idud

JUHISED:

a) Açaí marjakaste valmistamine: Blenderda kõik koostisained köögikombainis või blenderis ühtlaseks massiks.

b) Asetage lehtkapsas suurde kaussi. Nirista paar supilusikatäit lehtkapsale ja masseeri katteks.

c) Lisa kaussi kõik muud köögiviljad ja nirista peale oma maitse järgi lisakastet.

d) Puista peale kõrvitsaseemneid ja idjaeid ning viska kokku.

8.Päevalilleidu ja avokaado mähis

KOOSTISOSAD:
- 1 suur täistera tortilla
- 1 tass päevalille idud
- 1 küps avokaado, viilutatud
- 1/2 tassi hummust
- 1/4 tassi punast sibulat, õhukeselt viilutatud
- Sool ja pipar maitse järgi

JUHISED:
a) Määri hummus ühtlaselt täistera tortillale.
b) Laota tortilla ühele küljele kihiti päevalillevõsud, avokaadoviilud ja punane sibul.
c) Maitsesta soola ja pipraga.
d) Keera tortilla tihedalt rulli, et tekiks mähis.
e) Lõika pooleks ja serveeri.

9.Päevalilleidu ja kinoakauss

KOOSTISOSAD:
- 1 tass keedetud kinoat
- 1 tass päevalille idud
- 1/2 tassi hakitud porgjait
- 1/4 tassi viilutatud mjaleid
- 2 spl sojakastet
- 1 spl seesamiõli
- 1 tl mett

JUHISED:
a) Sega kausis keedetud kinoa, päevalille idud, hakitud porgja ja viilutatud mjalid.
b) Sega väikeses kausis kokku sojakaste, seesamiõli ja mesi.
c) Vala kaste kinoa segule ja sega katteks.
d) Serveeri kaussides ja naudi.

10. Päevalilleidu smuuti

KOOSTISOSAD:
- 1 tass päevalille idud
- 1 banaan
- 1/2 tassi ananassi tükke
- 1/2 tassi kreeka jogurtit
- 1/2 tassi mjalipiima
- Jääkuubikud (valikuline)

JUHISED:
a) Sega segistis päevalillevõsud, banaan, ananassitükid, Kreeka jogurt ja mjalipiim.
b) Blenderda ühtlaseks.
c) Soovi korral lisa jääkuubikuid ja blenderda uuesti.
d) Vala klaasi ja naudi seda toitvat rohelist smuutit.

11. Päevalilleidu ja purustatud avokaado röstsai

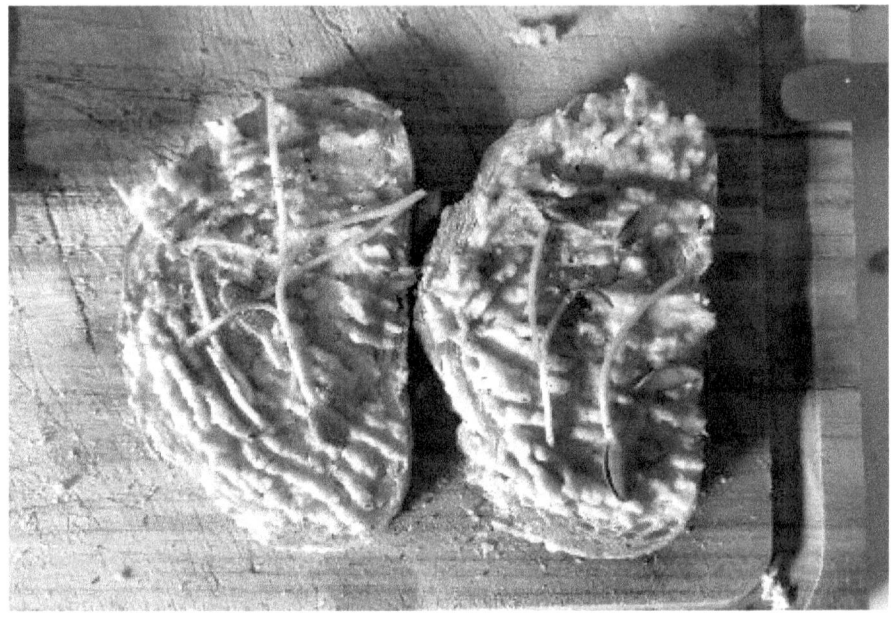

KOOSTISOSAD:
- 2 viilu täisteraleiba
- 1 tass päevalille idud
- 1 küps avokaado, purustatud
- 1 spl sidrunimahla
- Punase pipra helbed (valikuline)
- Sool ja pipar maitse järgi

JUHISED:
a) Röstige täisteraleivaviile oma maitse järgi.
b) Sega kausis purustatud avokaado sidrunimahla, soola ja pipraga.
c) Määri avokaadosegu ühtlaselt röstitud saiaviiludele.
d) Laota peale päevalilleidusid ja soovi korral puista peale punase pipra helbeid.
e) Serveeri kohe maitsvaks ja toitvaks hommiku- või vahepalaks.

12. Päevalilleidu ja Pesto pasta

KOOSTISOSAD:
- 2 tassi keedetud pastat (teie valikul)
- 1 tass päevalille idud
- 1/4 tassi piinia pähkleid
- 1/2 tassi kirsstomateid, poolitatud
- 2 spl pestokastet
- Riivitud parmesani juust (valikuline)

JUHISED:
a) Keeda pasta vastavalt pakendi juhistele ja nõruta.
b) Sega suures kausis keedetud pasta, päevalillevõrsed, piiniaseemned ja kirsstomatid.
c) Lisa pestokaste ja sega, kuni see on hästi kaetud.
d) Soovi korral puista enne serveerimist üle riivitud parmesani juustuga.

13.Päevalilleidu ja tofu segatud praadimine

KOOSTISOSAD:
- 1 tass päevalille idud
- 1 tass eriti tugevat tofut, kuubikutena
- 1 paprika, õhukeselt viilutatud
- 1 porgja, julieneeritud
- 2 spl sojakastet
- 1 spl seesamiõli
- 1 spl riisiäädikat
- 1 tl ingverit, hakitud
- 2 küüslauguküünt, hakitud
- Serveerimiseks keedetud riis

JUHISED:
a) Kuumutage vokkpannil või pannil seesamiõli keskmisel-kõrgel kuumusel.
b) Lisa tofukuubikud ja prae segades kuldpruuniks.
c) Lisage paprika, porgja, ingver ja küüslauk. Prae segades mõni minut, kuni köögiviljad on pehmed-krõbedad.
d) Lisa päevalilleidud ja sojakaste. Viska, kuni see on hästi segunenud ja läbi kuumutatud.
e) Nirista peale riisiäädikat ja sega läbi.
f) Serveeri keedetud riisiga.

14. Päevalilleidu ja juustutäidisega kana

KOOSTISOSAD:
- 2 kondita, nahata kanarinda
- 1 tass päevalille idud
- 1/4 tassi kitsejuustu
- 1 spl oliiviõli
- Sool ja pipar maitse järgi
- Serveerimiseks sidruniviilud

JUHISED:
a) Kuumuta ahi temperatuurini 375 °F (190 °C).
b) Libista kana rinnad ja maitsesta soola ja pipraga.
c) Määri kitsejuust igale kanarinda ühele küljele ja tõsta peale päevalilleidusid.
d) Voldi kana rinnad täidise katteks ja kinnita hambaorkidega.
e) Kuumuta oliiviõli ahjukindlal pannil keskmisel-kõrgel kuumusel.
f) Prae kanarinda mõlemalt poolt pruuniks.
g) Tõsta pann ahju ja küpseta umbes 20 minutit või kuni kana on küps.
h) Enne serveerimist eemaldage hambaorkid.
i) Serveeri sidruniviiludega.

LUTSTERNIDUD

15. Edamame ja lutserni idu salat

KOOSTISOSAD:
- 4 õhukeselt viilutatud redist
- 2 õhukeselt viilutatud porgjait
- 1 tass kooritud edamame ube
- 3 tassi lutserni idud, pestud ja kuivatatud
- 1 supilusikatäis värskeid korijari lehti
- 1 supilusikatäis peterselli lehti

RIIDEMINE
- 1 väike küüslauguküüs, pressitud
- 1 supilusikatäis õunasiidri äädikat
- 2 supilusikatäit oliiviõli
- Näputäis soola
- Näputäis jahvatatud pipart
- 2 tl köömneid, röstitud

JUHISED:
a) Segage suures segamiskausis köögiviljad, edamame, idud ja ürdid.
b) Jahvatage köömned uhmris või vürtsiveskis peeneks pärast 1-2-minutilist soojal pannil röstimist või kuni lõhnamiseni.
c) Segage väikeses kausis küüslauk, äädikas ja õli.
d) Maitsesta soola ja pipraga maitse järgi.
e) Serveeri salat peale niristatud kastmega.

16. Lutserni võrse ja hummuse mähis

KOOSTISOSAD:
- 1 suur täistera tortilla
- 1 tass lutserni idud
- 1/2 tassi hummust
- 1/2 kurki, õhukeselt viilutatud
- 1/4 tassi hakitud porgjait
- Sool ja pipar maitse järgi

JUHISED:
a) Määri hummus ühtlaselt täistera tortillale.
b) Laota tortilla ühele küljele kiht lutserni idud, kurgiviilud ja hakitud porgjaid.
c) Maitsesta soola ja pipraga.
d) Keera tortilla tihedalt rulli, et tekiks mähis.
e) Lõika pooleks ja serveeri.

17.Kreveti salat avokaado ja lutserni idudega

KOOSTISOSAD:
- 10 suurt krevetti
- ¼ tl kurkumipulbrit
- 1 tl punase pipra pulbrit
- ½ tl korijari pulbrit
- Soola maitse järgi
- 2-3 spl toiduõli
- 1 küps avokaado
- ½ tassi lutserni idud
- ¼ tassi murulauku ja küüslaugu võrseid
- 10-15 kirsstomatit
- 2 tassi salatit
- 2 tl oliiviõli
- Soola maitse järgi

JUHISED:
a) Puhastage krevetid, eemaldage nendest koor ja puhastage need. Hõõruge neid punase pipra pulbri, korijaripulbri, kurkumipulbri ja soolaga. Laske neil umbes pool tundi marineerida.
b) Kuumuta pann, lisa 2 spl toiduõli ja sega/prae krevette 5-7 minutit või kuni need on kergelt pruunistunud. Tõsta kaussi ja tõsta kõrvale.

KOKKU SALAT:
c) Lõika ja puhasta avokaado hammustuse suurusteks tükkideks.
d) Segage suures segamiskausis salatilehed, lutserni idud, avokaado ja kirsstomatid.
e) Puista peale soola ja lisa oliiviõli. Sega koostisained korralikult läbi ja võid maitse järgi lisada ka musta pipra pulbrit.
f) Serveeri salat koos praetud krevettidega.
g) Soovi korral pigistage krevettidele värsket sidrunimahla terava maitse saamiseks.
h) Avastage muid variatsioone, lisades salati täiustamiseks hakitud kurki või pähkleid.

18.Alfalfa Idanema ja Turkey Club Sjawich

KOOSTISOSAD:
- 2 viilu täisteraleiba
- 1 tass lutserni idud
- 4 viilu kalkunirind
- 2 viilu peekonit, keedetud
- 1/2 avokaadot, viilutatud
- Salati- ja tomativiilud
- majonees (valikuline)

JUHISED:
a) Rösti soovi korral täisteraleivaviile.
b) Laota ühele viilule lutserni idud, kalkun, peekon, avokaado, salat ja tomat.
c) Soovi korral määri teisele saiaviilule majoneesi.
d) Aseta peale teine leivaviil, et moodustada võileib.
e) Lõika pooleks ja serveeri.

19. Lutserni idu ja kinoa kauss

KOOSTISOSAD:
- 1 tass keedetud kinoat
- 1 tass lutserni idud
- 1/2 tassi kirsstomateid, poolitatud
- 1/4 tassi kurki, tükeldatud
- 1/4 tassi fetajuustu, purustatud
- Sidruni-tahini kaste:
- 2 supilusikatäit tahini
- 1 spl sidrunimahla
- 1 spl oliiviõli
- Sool ja pipar maitse järgi

JUHISED:
a) Sega kausis keedetud kinoa, lutserni idud, kirsstomatid, kurk ja fetajuust.
b) Vahusta väikeses kausis tahini, sidrunimahl, oliiviõli, sool ja pipar.
c) Vala kaste kinoa segule ja sega katteks.
d) Serveeri kaussides ja naudi.

20. Lutserni võrse ja lõhe sushikauss

KOOSTISOSAD:
- 1 tass keedetud sushiriisi
- 1 tass lutserni idud
- 4 untsi suitsulõhet, viilutatud
- 1/2 avokaadot, viilutatud
- 1/4 tassi marineeritud ingverit
- 2 spl sojakastet
- Kaunistuseks seesamiseemned

JUHISED:
a) Aseta sushiriis kaussi.
b) Aseta peale lutserni idud, suitsulõhe ja avokaado viilud.
c) Nirista üle sojakastmega ning kaunista marineeritud ingveri ja seesamiseemnetega.
d) Segage õrnalt enne dekonstrueeritud sushikausi nautimist.

21.Lutserni idu ja kana Caesari mähis

KOOSTISOSAD:
- 1 suur täistera tortilla
- 1 tass lutserni idud
- 1 grillitud kanarind, viilutatud
- 2 supilusikatäit Caesari kastet
- 1/4 tassi riivitud parmesani juustu
- Rooma salati lehed

JUHISED:
a) Laota tortilla tasaseks ja laota peale lutserni idu, grillkana, Caesari kaste, parmesani juust ja salatilehed.
b) Rulli tortilla tihedalt mähisesse.
c) Lõika pooleks ja kinnita vajadusel hambaorkidega.
d) Serveeri maitsvaks ja rahuldavaks lõunasöögiks.

22. Lutserni idu ja tuunikala salatiga täidetud paprika

KOOSTISOSAD:
- 4 paprikat, poolitatud ja seemned eemaldatud
- 1 tass lutserni idud
- 1 purk tuunikala, nõrutatud
- 1/2 tassi kirsstomateid, tükeldatud
- 1/4 tassi punast sibulat, peeneks hakitud
- 2 spl kreeka jogurtit
- 1 spl Dijoni sinepit
- Sool ja pipar maitse järgi

JUHISED:
a) Sega kausis tuunikala, kirsstomatid, punane sibul, Kreeka jogurt ja Dijoni sinep.
b) Maitsesta soola ja pipraga maitse järgi.
c) Täitke iga paprika pool tuunikalasalati seguga.
d) Enne serveerimist kata peale lutserni idud.

23.Lutserni idu ja mango suverullid

KOOSTISOSAD:
- Riisipaberist ümbrised
- 1 tass lutserni idud
- 1 mango õhukesteks viiludeks
- 1 kurk, julieneeritud
- Keedetud vermikelli nuudlid
- Värsked piparmündilehed
- Hoisin-maapähkli dipikaste:
- 3 spl hoisin kastet
- 2 spl maapähklivõid
- 1 spl sojakastet
- 1 spl laimimahla

JUHISED:
a) Valmistage riisipaberist ümbrised vastavalt pakendi juhistele.
b) Asetage iga ümbris tasaseks ja täitke lutserni idu, mangoviilude, kurgi, vermikelli nuudlite ja piparmündilehtedega.
c) Rullige ümbris tihedalt rulli, keerates küljed kokku.
d) Dipikastme jaoks klopi kokku hoisin-kaste, maapähklivõi, sojakaste ja laimimahl.
e) Serveeri suverullid koos dipikastmega.

OAVÕRSED

24.Sojaubade idud Sala d

KOOSTISOSAD:
IDUDE KEEDAMINE
- 14 untsi sojaoa idud, loputatud ja nõrutatud
- 1 tass vett
- 1 tl meresoola

Maitseaine
- ⅛ teelusikatäit meresoola
- 1,5 tl seesamiõli
- 1 supilusikatäis rohelist sibulat, hakitud
- 1 näputäis musta pipart
- 1 tl seesamiseemneid
- 1 tl küüslauku, hakitud

JUHISED:
a) Kombineerige potis 1 tass vett, meresoola ja sojaubade idud.
b) Kata kaanega ja küpseta keskmisel kuumusel 7 minutit.
c) Nõruta ja tõsta küpsenud idud kõrvale jahtuma.
d) Sega kausis idjaid, roheline sibul, küüslauk, sool, seesamiõli, seesamiseemned ja must pipar.
e) Viska salat ja maitseained kergelt kätega läbi, et see oleks ühtlaselt kaetud.

25.Kana- ja puuviljasalat oakapsaga

KOOSTISOSAD:
- 1¼ naela kondita kanarinnad, nülitud ja lõigatud ½ tolli ribadeks
- 2 spl Võid
- 1 tl Sool
- ½ tl pipart
- 2¼ tassi maasikaid poolitatud
- ¾ tassi oa idud
- 2 tl Tükeldatud kristalliseerunud ingverit
- 1 tl Jahvatatud ingverit
- 1 spl basiiliku äädikat
- 1 spl sojakastet
- ⅛ teelusikatäis soola
- ⅛ teelusikatäis Cayenne'i pipart
- 2 supilusikatäit oliiviõli

JUHISED:
a) Prae kanaribasid võis 8 minutit, sageli segades.
b) Maitsesta soola ja pipraga, eemalda pannilt ja nõruta paberrätikutel. Lase jahtuda.
c) Sega maasikad, oad, jahutatud kanaliha ja hakitud ingver salatikausis.
d) Segage eraldi kausis jahvatatud ingver, äädikas, sojakaste, sool ja Cayenne'i pipar.
e) Lisa õli ja sega salat õrnalt kastmega läbi.
f) Kata salat kaanega ja lase enne serveerimist 10 minutit toatemperatuuril seista.

26. Looduslik riis, brokkoli ja tomati salat

KOOSTISOSAD:
- Oliivi-/avokaado/linaõli
- 2 paprikat, viilutatud
- Peotäis oa idjaeid
- 4 brokoli õisikut
- 1 laim
- 2 portsjonit metsikut riisi
- Peotäis kapsast
- 6 minitomatit, poolitatud

JUHISED:
a) Keeda metsik riis vastavalt pakendi juhistele ning keeda brokoli ja kapsas kergelt läbi.
b) Serveeri tomatid ja pipar riisi peale koos brokoli ja oavõrsega.
c) Serveeri tilga oliiviõli või sidruni/laimi mahlaga.
d) Tükeldatud spinatilehtedega.

27.Lumihernes , piiniapähklid ja sparglisalat

KOOSTISOSAD:
- 2 tassi lumeherneid
- 1 hunnik värsket sparglit
- 1/2 pakki värskeid oabõrseid
- 1 tass spinatit
- Puista piiniaseemneid
- Külmpressitud oliivõli

JUHISED:
a) Aurutage sparglit ja lumeherneid 3-6 minutit madalal kuumusel.
b) Sega spargel ja lumeherned näputäie soola ja pipraga.
c) Nirista salatile värsket sidrunimahla.

28.Tai stiilis mangosalat grillkrevettidega

KOOSTISOSAD:
- 20 suurt peata tiigerkrevetti
- 4 varrast
- 1 pöidla suurune tükk värsket ingverit, riivituna
- 20g pakk värsket korijarit, hakitud
- 1 punane tšilli, seemnetest puhastatud ja tükeldatud
- 4 spl värsket laimimahla
- 3 supilusikatäit oliivõli
- 1 spl seesamiõli
- 1 sl sojakastet Hea näputäis pruuni suhkrut
- 1/2 küüslauguküünt, kooritud ja purustatud
- 1 küps ja söömiseks valmis mango
- 2 peotäit valmis oa idjaeid
- 3 väikest kurki, tükeldatud
- 1 peotäis värsket korijarit
- 1 punane paprika, seemnetest puhastatud ja õhukesteks ribadeks lõigatud
- 1 hunnik hakitud sibulat
- Meresool
- Väike peotäis seesamiseemneid
- Bianconi ekstra neitsioliivõli, tilgutamiseks

JUHISED:
a) Libistage igale vardasse 5 kooritud krevetti.
b) Marinaadi jaoks sega ained omavahel ja nirista pooled krevettidele. Salati jaoks koori mango ja lõika viljaliha õhukesteks ribadeks.
c) Sega teise poole marinaadiga, oa võrsete, kurgi, korijari, pipra, talisibula ja meresoolaga.
d) Kuumuta suur pann ja prae seesamiseemned kuivalt kuldseks. Eemaldage ja asetage kõrvale. Prae krevette kõrgel kuumusel 2 minutit, kuni need on küpsed.
e) Serveeri seesamiseemnetega üle puistatud ja oliivõliga üle niristatud salatiga.

29.Praetud ubad Tofuga

KOOSTISOSAD:
- 2 tassi oa idjaeid
- 1 tass eriti tugevat tofut, kuubikutena
- 1 paprika, õhukeselt viilutatud
- 1 porgja, julieneeritud
- 2 spl sojakastet
- 1 spl seesamiõli
- 1 tl ingverit, hakitud
- 2 küüslauguküünt, hakitud
- Kaunistuseks roheline sibul

JUHISED:
a) Kuumutage vokkpannil või pannil seesamiõli keskmisel-kõrgel kuumusel.
b) Lisa tofukuubikud ja prae segades kuldpruuniks.
c) Lisage paprika, porgja, ingver ja küüslauk. Prae segades mõni minut, kuni köögiviljad on pehmed-krõbedad.
d) Lisa oad ja sojakaste. Viska, kuni see on hästi segunenud ja läbi kuumutatud.
e) Kaunista hakitud rohelise sibulaga ja serveeri.

30.Oadude ja kana-nuudlite segamine

KOOSTISOSAD:
- 1 tass oa idjaeid
- 1 tass keedetud kanarind, tükeldatud
- 2 tassi keedetud munanuudleid
- 1 paprika, viilutatud
- 1 tass lumeherneid, otsad kärbitud
- 2 spl austrikastet
- 1 spl sojakastet
- 1 spl taimeõli

JUHISED:
a) Kuumuta suurel pannil või vokil keskmisel-kõrgel kuumusel taimeõli.
b) Lisa paprika ja lumeherned, prae segades kergelt pehmeks.
c) Lisa tükeldatud kana, keedetud munanuudlid ja oad.
d) Vala sisse austrikaste ja sojakaste. Viska kokku ja kuumuta läbi.
e) Serveeri kuumalt.

31.Oadude salat seesamikastmega

KOOSTISOSAD:
- 2 tassi oa idjaeid
- 1 kurk, õhukeselt viilutatud
- 1/2 punast sibulat, õhukeselt viilutatud
- 2 spl seesamiõli
- 1 spl sojakastet
- 1 spl riisiäädikat
- 1 tl mett
- Kaunistuseks seesamiseemned

JUHISED:
a) Segage suures kausis oad, kurk ja punane sibul.
b) Sega väikeses kausis kokku seesamiõli, sojakaste, riisiäädikas ja mesi.
c) Vala kaste salatile ja viska peale.
d) Enne serveerimist kaunista seesamiseemnetega.

32.Oadude ja krevettide kevadrullid

KOOSTISOSAD:
- Riisipaberist ümbrised
- 1 tass oa idjaeid
- 1 tass keedetud krevette, kooritud ja tükeldatud
- 1 porgja, julieneeritud
- Värsked piparmündilehed
- Riisinuudlid, keedetud
- Hoisin-maapähkli dipikaste:
- 3 spl hoisin kastet
- 2 spl maapähklivõid
- 1 spl sojakastet
- 1 spl laimimahla

JUHISED:
a) Valmistage riisipaberist ümbrised vastavalt pakendi juhistele.
b) Asetage iga ümbris tasaseks ja täitke ubade, krevettide, porgjai, piparmündilehtede ja vermikelli nuudlitega.
c) Rullige ümbris tihedalt rulli, keerates küljed kokku.
d) Dipikastme jaoks klopi kokku hoisin-kaste, maapähklivõi, sojakaste ja laimimahl.
e) Serveeri kevadrulle koos dipikastmega.

33.Oa- ja seente idanemine

KOOSTISOSAD:
- 2 tassi oa idjaeid
- 1 tass shiitake seeni, viilutatud
- 1 tass kirssherneid, otsad kärbitud
- 1 spl taimeõli
- 2 spl sojakastet
- 1 spl austrikastet
- 1 tl seesamiõli
- 2 küüslauguküünt, hakitud
- 1 tl ingverit, riivitud

JUHISED:
a) Kuumutage vokkpannil või pannil taimeõli keskmisel-kõrgel kuumusel.
b) Lisa küüslauk ja ingver, prae segades, kuni lõhnavad.
c) Lisa shiitake seened ja kirssherned, keeda pehmeks.
d) Lisa oad, sojakaste, austrikaste ja seesamiõli. Viska kokku ja kuumuta läbi.
e) Serveeri kuumalt.

34. Oadõrs ja Tofu suverullid

KOOSTISOSAD:
- Riisipaberist ümbrised
- 1 tass oa idjaeid
- 1 tass eriti tugevat tofut, julieneeritud
- 1 porgja, julieneeritud
- 1/2 punast paprikat, õhukeselt viilutatud
- Värsked korijari lehed
- Maapähkli dipikaste:
- 1/4 tassi maapähklivõid
- 2 spl sojakastet
- 1 spl riisiäädikat
- 1 spl mett
- Tšillihelbed (valikuline)

JUHISED:

a) Valmistage riisipaberist ümbrised vastavalt pakendi juhistele.
b) Asetage iga ümbris tasaseks ja täitke ubade, tofu, porgjai, paprika ja korijari lehtedega.
c) Rullige ümbris tihedalt rulli, keerates küljed kokku.
d) Dipikastme jaoks klopi kokku maapähklivõi, sojakaste, riisiäädikas, mesi ja soovi korral tšillihelbed.
e) Serveeri suverullid maapähkli dipikastmega.

35.Vürtsikas oadude supp

KOOSTISOSAD:
- 2 tassi oa idjaeid
- 4 tassi köögivilja- või kanapuljongit
- 1 tass viilutatud shiitake seeni
- 1 tass beebispinatit
- 1 spl sojakastet
- 1 spl gochugaru (Korea punase pipra helbed)
- 1 tl seesamiõli
- Kaunistuseks roheline sibul

JUHISED:
a) Kuumuta potis puljong keema.
b) Lisa oad, shiitake seened ja sojakaste. Küpseta paar minutit, kuni köögiviljad on pehmed.
c) Sega juurde gochugaru ja seesamiõli.
d) Lisa beebispinat ja küpseta, kuni see närbub.
e) Enne serveerimist kaunista hakitud rohelise sibulaga.

36.Oa- ja redisesalv

KOOSTISOSAD:
- 2 tassi oa idjaeid
- 1 tass julieneeritud daikon redist
- 1/2 tassi hakitud punast kapsast
- 2 spl riisiäädikat
- 1 spl seesamiõli
- 1 tl suhkrut
- Sool ja pipar maitse järgi
- Kaunistuseks röstitud seesamiseemned

JUHISED:
a) Segage suures kausis oad, daikon redis ja punane kapsas.
b) Vahusta väikeses kausis riisiäädikas, seesamiõli, suhkur, sool ja pipar.
c) Vala kaste õlale ja viska katteks.
d) Enne serveerimist kaunista röstitud seesamiseemnetega.

LUMIHERNE VÕRDSED

37.Lumiherne idanemine ja krevettide segamine

KOOSTISOSAD:
- 2 tassi lumeherne idjaeid
- 1 tass krevette, kooritud ja tükeldatud
- 1 paprika, õhukeselt viilutatud
- 1 tass brokkoli õisikuid
- 2 spl sojakastet
- 1 spl austrikastet
- 1 spl seesamiõli
- 2 küüslauguküünt, hakitud
- 1 tl ingverit, riivitud

JUHISED:
a) Kuumutage vokkpannil või pannil seesamiõli keskmisel-kõrgel kuumusel.
b) Lisa küüslauk ja ingver, prae segades, kuni lõhnavad.
c) Lisa krevetid ja küpseta, kuni need on roosad ja läbipaistmatud.
d) Lisa paprika ja spargelkapsas, prae segades, kuni köögiviljad on pehmed-krõbedad.
e) Lisa lumiherne idud, sojakaste ja austrikaste. Viska kokku ja kuumuta läbi.
f) Serveeri kuumalt.

38. Lumiherne võrse ja seene salat

KOOSTISOSAD:
- 2 tassi lumeherne idjaeid
- 1 tass segatud seeni (shiitake, austr või teie valik), viilutatud
- 1/4 tassi punast sibulat, õhukeselt viilutatud
- 2 spl oliiviõli
- 1 spl palsamiäädikat
- Sool ja pipar maitse järgi
- Kaunistuseks röstitud piiniaseemned

JUHISED:
a) Sega suures kausis kokku lumiherne idud, seened ja punane sibul.
b) Vahusta väikeses kausis oliiviõli, palsamiäädikas, sool ja pipar.
c) Vala kaste salatile ja viska õrnalt katteks.
d) Enne serveerimist kaunista röstitud seedermänniseemnetega.

39. Lumeherne idu ja tofu nuudlikauss

KOOSTISOSAD:
- 2 tassi lumeherne idjaeid
- 1 tass tahket tofut, kuubikuteks
- 2 kimp soba nuudleid, keedetud
- 1 porgja, julieneeritud
- 2 spl sojakastet
- 1 spl riisiäädikat
- 1 spl seesamiõli
- 1 tl mett
- Kaunistuseks seesamiseemned

JUHISED:
a) Pruunista pannil tofukuubikud kuldpruuniks.
b) Segage suures kausis keedetud soba-nuudlid, lumiherne idud, julieneeritud porgja ja praetud tofu.
c) Sega väikeses kausis kokku sojakaste, riisiäädikas, seesamiõli ja mesi.
d) Vala kaste nuudlisegule ja sega ühtlaseks.
e) Enne serveerimist kaunista seesamiseemnetega.

40.Lumiherne võrse ja kana riisikauss

KOOSTISOSAD:
- 2 tassi lumeherne idjaeid
- 1 tass keedetud kanarind, tükeldatud
- 1 tass keedetud pruuni riisi
- 1/2 tassi punast paprikat, tükeldatud
- 2 spl hoisin kastet
- 1 spl sojakastet
- 1 spl taimeõli
- Kaunistuseks roheline sibul

JUHISED:
a) Kuumuta pannil keskmisel-kõrgel kuumusel taimeõli.
b) Lisa tükeldatud kanaliha ja kuubikuteks lõigatud punane paprika, hauta kuni kuumenemiseni.
c) Lisa keedetud pruun riis ja lumeherne idud, sega ühtlaseks.
d) Vala sisse hoisin kaste ja sojakaste, viska katteks.
e) Enne serveerimist kaunista hakitud rohelise sibulaga.

41. Lumiherne idanemine ja india pähkli kana segatud praadimine

KOOSTISOSAD:
- 2 tassi lumeherne idjaeid
- 1 tass keedetud kanarinda, viilutatud
- 1 tass lumeherneid, kärbitud
- 1/2 tassi india pähkleid
- 2 spl sojakastet
- 1 spl hoisin kastet
- 1 spl ingverit, hakitud
- 2 küüslauguküünt, hakitud
- 1 spl taimeõli

JUHISED:
a) Kuumutage taimeõli vokkpannil või pannil keskmisel-kõrgel kuumusel.
b) Lisa ingver ja küüslauk, prae segades kuni lõhnavad.
c) Lisa kanaviilud, lumeherned ja india pähklid. Küpseta, kuni kana on läbi kuumenenud.
d) Sega juurde sojakaste ja hoisin kaste, viska katteks.
e) Lisa lumeherne idud ja keeda korraks, kuni need on lihtsalt närbunud.
f) Serveeri riisi või nuudlitega.

42. Seesamikoorega Ahi tuunikala lumihernesalatiga

KOOSTISOSAD:
- 2 ahi tuunikala pihvi
- 1 tass lumeherne idjaeid
- 1 tass julieneeritud porgjait
- 1/4 tassi sojakastet
- 1 spl seesamiõli
- 1 spl mett
- 1 supilusikatäis seesamiseemneid

JUHISED:
a) Maitsesta tuunikalapihvid soola ja pipraga, seejärel kata seesamiseemnetega.
b) Kuumuta pann või grillpann keskmisel-kõrgel kuumusel.
c) Küpseta tuunikala 1-2 minutit mõlemalt poolt, et saada haruldane keskosa.
d) Viska kaussi lumeherne idud ja julieneeritud porgjaid.
e) Eraldi väikeses kausis vahustage kokku sojakaste, seesamiõli ja mesi.
f) Nirista kaste salatile ja viska peale.
g) Viiluta tuunikala ja serveeri lumihernesalatiga.

43. Lumiherne idu ja mango suvesalat

KOOSTISOSAD:
- 2 tassi lumeherne idjaeid
- 1 mango, kooritud ja kuubikuteks lõigatud
- 1 tass kirsstomateid, poolitatud
- 1/4 tassi punast sibulat, peeneks hakitud
- 2 spl laimimahla
- 1 spl oliiviõli
- Sool ja pipar maitse järgi
- Kaunistuseks värske korijaer

JUHISED:
a) Sega suures kausis kokku lumiherne idud, tükeldatud mango, kirsstomatid ja punane sibul.
b) Vahusta väikeses kausis laimimahl, oliiviõli, sool ja pipar.
c) Vala kaste salatile ja sega õrnalt läbi.
d) Enne serveerimist kaunista värske korijariga.

44. Miso-glasuuritud lõhe lumiherne võrse sautéga

KOOSTISOSAD:
- 2 lõhefileed
- 2 tassi lumeherne idjaeid
- 1 spl misopastat
- 1 spl sojakastet
- 1 spl mirin
- 1 spl mett
- 1 spl seesamiõli

JUHISED:
a) Kuumuta ahi temperatuurini 375 °F (190 °C).
b) Segage väikeses kausis glasuuri valmistamiseks misopasta, sojakaste, mirin, mesi ja seesamiõli.
c) Aseta lõhefileed ahjuplaadile, pintselda üle misoglasuuriga ja küpseta umbes 15-20 minutit või kuni küps.
d) Hauta pannil lumeherneid, kuni need on lihtsalt närbunud.
e) Serveeri miso-glasuuriga lõhet lumehernevõsu pruunistamisel.

45. Herne-nuudlisalat Wontoni ribadega

KOOSTISOSAD:
- 8 untsi Pošeeritud kana, õhukesteks viiludeks
- 8 untsi Seesami-ploomi kaste
- 16 ea. Mjaariini apelsini segmendid
- 4 untsi Krõbedad riisinuudlid
- 4 untsi Krõbedad Wontoni ribad
- 4 untsi Blue Diamond Slivered Mjalid, röstitud
- 2 tl. Must-valged seesamiseemned
- 1 tass (150 g) kooritud värskeid herneid
- 250 grammi tükeldatud suhkruherneid
- 250 grammi lumeherneid, kärbitud
- 50 grammi lumeherne idjaeid

JUHISED:
a) Pange kõik koostisosad segamisnõusse.
b) Sega koostisained omavahel ühtlaseks seguks.
c) Vala koostisained suurtesse serveerimiskaussidesse.
d) Aseta mjaariiniapelsini lõigud salati ümber.
e) Lisa salatile veidi krõbedamaid riisinuudleid ja Wontoneid.
f) Puista salatile Blue Diamondi viilutatud mjaleid ja seesamiseemneid
g) Kaunista salat mõne õhukeseks viilutatud lumehernega.

BRUSSELLI KAPSUD

46.Rooskapsas valge veiniga

KOOSTISOSAD:
VAHTRAVIINIGRETT
- 7 spl vahtrasiirupit
- ½ tassi oliiviõli
- ¼ tassi Hollja House orgaanilist valge veini äädikat
- ¼ tassi vett
- 2 spl värsket tüümiani
- näputäis soola + pipart
- 2 supilusikatäit mett sinepit

SALATI JAOKS
- 18 untsi raseeritud rooskapsas
- ½ tassi metsikut riisi kasutage mis tahes sorti, mis teile meeldib
- 3 supilusikatäit Holljai maja valget kokaveini
- 2/3 tassi soolatud pepitasid
- 2/3 tassi kuivatatud jõhvikaid
- ½ tassi pekanipähklit, jämedalt hakitud
- 2/3 tassi hakitud parmesani juustu

JUHISED:
VALMISTA RIIDE:
a) Eemaldage tüümianilehed vartelt nii hästi kui võimalik/ Lisage kõik kastme koostisosad köögikombaini või sukelblenderisse ja pulbige, kuni kõik on hästi segunenud ja kreemjas.

b) Kui teil pole kumbagi neist seadmetest, hakkige tüümian käsitsi peeneks, seejärel lisage see ja ülejäänud koostisosad purki. Kui kaas on tihedalt suletud, loksutage korralikult, kuni kõik on ühendatud.

KEEDATA METSIKKU RIISI:
c) Keeda metsik riis vastavalt pakendi juhistele, asendades 1/3 Hollja House White Cooking Wine'i jaoks märgitud keeduvee kogusest. Minu puhul vajasin 10 supilusikatäit vett, seega kasutasin umbes 3 supilusikatäit valget toiduvalmistamisveini ja 7 supilusikatäit vett.

KOKKU SALAT:
d) Lisage rooskapsas oma salatikaussi ja seejärel lisage ülejäänud koostisosad.

e) Serveerimiseks valage kastmega üle.

47.Quinoa Brüsseli kapsa salat

KOOSTISOSAD:
- ½ tassi kuiva kinoat hästi loputatud, keedetud
- 1 nael rooskapsast puhastatakse, poolitatakse ja aurutatakse või keedetakse pehmeks
- 10 viilutatud keedetud/küpsetatud kastanit
- ¼ tassi hakitud peterselli
- ¼ tassi kuivatatud jõhvikaid või hakitud kuivatatud aprikoose
- 1 suur punane sibul, karamelliseeritud
- meresool ja must pipar maitse järgi
- ½ tassi kuivatatud tervete lehtedega merisammalt, rebitud hammustavateks tükkideks

ORANŽI SINEPI KASTE
- 1 keskmine apelsin, mahl
- 1 tl apelsini koort
- 1 supilusikatäis vahtrasiirupit
- 2 tl mahedat sinepit
- 1 supilusikatäis värsket sidrunimahla

JUHISED:
a) Lisa kõik salati koostisosad suurde kaussi.
b) Sega väikeses purgis või kausis kokku kastme ained.
c) Vala salatile ja sega korralikult läbi.

48. Brüssel, porgja ja rohelised

KOOSTISOSAD:
- 1 brokkoli
- 2 porgjait, õhukesteks viiludeks
- 6 rooskapsast
- 2 küüslauguküünt
- 1 tl köömneid
- 1/2 sidrunit
- Koori 1 sidrun Oliiviõli

JUHISED:
a) Aurutage kõiki köögivilju madalal kuumusel 5-8 minutit.
b) Pruunista küüslauk köömnete, sidrunikoore, 1/2 sidruni mahla ja oliiviõliga.
c) Lisa porgja ja rooskapsas.

49.Brüsseli kapsa salat

KOOSTISOSAD:
- 1 tass kuiva bulgurit
- 8 untsi rooskapsast
- 1 granaatõun
- 1 pirn, tükeldatud
- ¼ tassi kreeka pähkleid, jämedalt hakitud
- 1 keskmine šalottsibul, hakitud
- 2 spl oliiviõli
- 2 spl palsamiäädikat
- ⅛ teelusikatäis soola
- ⅛ teelusikatäis pipart
- Toores rooskapsa salat

JUHISED:
a) Segage väikeses kastrulis 2 tassi külma vett ja kuivatage bulgur. Kuumuta keemiseni, seejärel aljaa kuumust madalale ja sega aeg-ajalt.
b) Hauta 12-15 minutit või kuni bulgur on pehme. Üleliigne vedelik tuleks kurnata ja panna kõrvale jahtuma.
c) Lõika rooskapsadelt varred ära ja eemalda kõik kõvad või kuivanud lehed.
d) Lõika rooskapsas ülalt alla pooleks, eemaldades vars. Asetage rooskapsas lõigatud pool allapoole ja hakake neid peeneks viilutama ülalt alla.
e) Viska suures segamisnõus õrnalt rooskapsaid, kuni kihid lagunevad, ja tõsta seejärel kõrvale.
f) Eemalda granaatõunast seemned.
g) Kui granaatõun on kriipsutatud, keerake see pooleks ja eemaldage seemnete eemaldamiseks nahk ettevaatlikult. Hoidke granaatõuna lõigatud külge kausi kohal ja lööge puulusikaga selle tagakülge, kuni kõik seemned kukuvad välja.
h) Puista rooskapsas granaatõunaseemnete, kreeka pähklite ja pirnidega. Viska bulgur kahvliga läbi ja serveeri koos salatiga.
i) Kombineerige šalottsibul, õli, äädikas, sool ja pipar eraldi väikeses kausis.
j) Viska salat kastmesse segunema. Serveeri ja naudi!

50.Butternut squash ja lehtkapsa kausid

KOOSTISOSAD:

- ½ tassi pärlitega farrot
- 1¼ tassi vett
- Koššersool ja värskelt jahvatatud must pipar
- 1 väike kõrvits, kooritud ja viilutatud
- 1 nael kärbitud ja poolitatud rooskapsast
- 2 supilusikatäit avokaado-, kookos- või ekstra neitsioliiviõli
- 3 tassi aurutatud lehtkapsast
- 1 tass hakitud radicchio
- 1 kõva õun, südamikust puhastatud ja kuubikuteks lõigatud
- Krõbedad kikerherned
- 1 retsept Vürtsikas vahtra Tahini kaste

JUHISED:

a) Kuumuta ahi temperatuurini 425 ° F.
b) Lisage farro, vesi ja näputäis soola keskmisesse kastrulisse. Kuumuta keemiseni, seejärel aljaa kuumust, kata kaanega ja hauta, kuni farro on kergelt närides pehme, umbes 30 minutit.
c) Vahepeal raputa squash ja rooskapsas õli, soola ja pipraga üle. Laota ühe kihina ääristatud ahjuplaadile. Röstige umbes 20 minutit, kuni kõrvits on pehme ja rooskapsas pruunistunud ja krõbedaks muutunud, segades üks kord poole peal.
d) Serveerimiseks jaga lehtkapsas kaussidesse. Kõige peale lisa squash, rooskapsas, farro, radicchio ja õun. Puista peale krõbedad kikerherned ja nirista peale vürtsikas vahtratahini kaste.

51.Magusad tsitrusviljade ja lõhe kausikesed

KOOSTISOSAD:
- Mahl 1 nabaapelsinist
- 3 supilusikatäit riisiäädikat
- 2 tl röstitud seesamiõli
- 2 tl mett
- Kosher meresool ja värskelt jahvatatud must pipar
- 1 tass pärlitega farrot
- 2½ tassi vett
- 4 lõhefileed
- 2 spl avokaado- või ekstra neitsioliiviõli, jagatud
- 1 nael kärbitud ja poolitatud rooskapsast
- ½ keskmise peaga radicchio, peeneks hakitud
- 1 apteegitilli sibul, lõigatud ja õhukesteks viiludeks
- 2 apelsini, kooritud ja segmenteeritud, eelistatavalt Cara Cara või veri
- apelsinid
- 4 talisibulat, ainult roheline osa, õhukesteks viiludeks
- Röstitud pistaatsiapähklid, tükeldatud

JUHISED:

a) Sega väikeses kausis kokku apelsinimahl, äädikas, seesamiõli, mesi ning näpuotsaga soola ja pipart; kõrvale panema.
b) Lisage farro, vesi ja näputäis soola keskmisesse kastrulisse. Kuumuta keemiseni, seejärel aljaa kuumust keskmisele madalale, kata kaanega ja hauta, kuni farro on kergelt närides pehme, umbes 30 minutit.
c) Vahepeal asetage ahjurest 6 tolli broileri alla ja seadke ahi praadima. Pintselda lõhet 1 spl õliga ning maitsesta soola ja pipraga. Aseta lõhe nahk allapoole fooliumiga vooderdatud küpsetusplaadi ühele küljele.
d) Viska rooskapsasid ülejäänud 1 spl õli, soola ja pipraga ning laota seejärel ühtlase kihina küpsetusplaadi teisele küljele. Hauta, kuni lõhe on läbi küpsenud ja kergesti helbed, olenevalt paksusest 6–8 minutit.
e) Serveerimiseks jagage farro, rooskapsas ja radicchio kausside vahel. Kõige peale lisa lõhe, apteegitilli, apelsinitükid, talisibul ja pistaatsiapähklid.
f) Klopi kaste veel korra kokku ja nirista peale.

52.Mason jar peet , granaatõun ja rooskapsas

KOOSTISOSAD:
- 3 keskmist peeti
- 1 spl oliiviõli
- Koššersool ja värskelt jahvatatud must pipar, maitse järgi
- 1 tass farro
- 4 tassi beebispinatit või lehtkapsast
- 2 tassi rooskapsast, õhukeselt viilutatud
- 3 klementiini, kooritud ja segmenteeritud
- ½ tassi pekanipähklit, röstitud
- ½ tassi granaatõunaseemneid

MEE-DIJONI PUNAVEINIVIINIGRETT
- ¼ tassi ekstra neitsioliiviõli
- 2 spl punase veini äädikat
- ½ šalottsibul, hakitud
- 1 spl mett
- 2 tl täistera sinepit
- Koššersool ja värskelt jahvatatud must pipar, maitse järgi

JUHISED:
a) Kuumuta ahi 400 kraadini F. Vooderda küpsetusplaat fooliumiga.
b) Aseta peedid fooliumile, nirista peale oliiviõli ning maitsesta soola ja pipraga.
c) Koti moodustamiseks keerake fooliumi kõik 4 külge kokku. Küpseta kuni kahvli pehmeks, 35 kuni 45 minutit; lase jahtuda, umbes 30 minutit.
d) Puhta paberrätikuga hõõruge peet koorte eemaldamiseks; lõika hammustuse suurusteks tükkideks.
e) Küpsetage farro vastavalt pakendi juhistele, seejärel laske jahtuda.
f) Jaga peedid 4 laia suuga kaanega klaaspurki. Kõige peale lisa spinat või lehtkapsas, farro, rooskapsas, klementiinid, pekanipähklid ja granaatõunaseemned.

VIINIGRETTI KOHTA:
g) Vahusta oliiviõli, äädikas, šalottsibul, mesi, sinep ja 1 spl vett; maitsesta soola ja pipraga maitse järgi. Katke ja hoidke külmkapis kuni 3 päeva.
h) Serveerimiseks lisa igasse purki vinegrett ja loksuta. Serveeri kohe.

53. Köögiviljad ja Farro

KOOSTISOSAD:
- 2 porgjait, kooritud ja viilutatud
- 2 pastinaaki, kooritud ja viilutatud
- 8 untsi kärbitud rooskapsast
- ¼ tassi oliiviõli, jagatud
- ¼ tl soola, jagatud
- ¼ tassi rosinaid
- ¼ tl musta pipart, jagatud
- 1 tass kuiva farro, keedetud
- 1 spl õunasiidri äädikat
- 2 tl Dijoni sinepit
- ¼ tassi pekanipähklit, jämedalt hakitud

JUHISED:
a) Valmistage ahi ette, soojendades seda temperatuurini 400 kraadi Fahrenheiti.
b) Sega porgjaid, pastinaak ja rooskapsas 2 sl oliiviõli, vähese soola ja pipraga ning määri õliga määritud ahjupannile.
c) Rösti 22 minutit, kuni servad on krõbedad, keerake pooleldi ümber.
d) Sega väikeses tassis ülejäänud 2 supilusikatäit oliiviõli, ülejäänud ⅛ teelusikatäit soola, ülejäänud ⅛ teelusikatäit pipart, siidriäädikat ja Dijoni sinep.
e) Rösti pekanipähklid kuival praepannil mõõdukal kuumusel aromaatseks, umbes 3 minutit.
f) Serveeri vaagnal või serveerimisnõus röstitud köögivilju, keedetud farrot, kastet, röstitud kreeka pähkleid ja rosinaid.

54.Tai kana buddha kausid

KOOSTISOSAD:
Vürtsikas MAAPÄHKLIKASTE
- 3 supilusikatäit kreemjat maapähklivõid
- 2 spl värskelt pressitud laimimahla
- 1 spl vähendatud naatriumisisaldusega sojakastet
- 2 tl tumepruuni suhkrut
- 2 tl sambal oeleki (jahvatatud värske tšillipasta)

SALAT
- 1 tass farro
- ¼ tassi kanapuljongit
- 1 ½ supilusikatäit sambal oeleki (jahvatatud värske tšillipasta)
- 1 spl helepruuni suhkrut
- 1 spl värskelt pressitud laimimahla
- 1 kilo kondita ja nahata kanarinda, lõigatud 1-tollisteks tükkideks
- 1 spl maisitärklist
- 1 spl kalakastet
- 1 spl oliiviõli
- 2 küüslauguküünt, hakitud
- 1 šalottsibul, hakitud
- 1 spl värskelt riivitud ingverit
- Koššersool ja värskelt jahvatatud must pipar, maitse järgi
- 2 tassi hakitud lehtkapsast
- 1 ½ tassi hakitud lillat kapsast
- 1 tass oa idjaeid
- 2 porgjait, kooritud ja riivitud
- ½ tassi värskeid korijari lehti
- ¼ tassi röstitud maapähkleid

JUHISED:

a) Sega väikeses kausis kokku maapähklivõi, laimimahl, sojakaste, pruun suhkur, sambal oelek ja 2–3 supilusikatäit vett. Katke ja hoidke külmkapis kuni 3 päeva.

b) Küpseta farro vastavalt pakendi juhistele ; kõrvale panema.

c) Farro küpsemise ajal vahustage väikeses kausis puljong, sambal oelek, pruun suhkur ja laimimahl; kõrvale panema.

d) Sega suures kausis kana, maisitärklis ja kalakaste, viska katteks ja lase kanal mõni minut maisitärklisel imenduda.

e) Kuumuta oliiviõli suurel pannil keskmisel kuumusel. Lisa kana ja küpseta kuldseks, 3–5 minutit. Lisage küüslauk, šalottsibul ja ingver ning jätkake küpsetamist, sageli segades, kuni lõhnavad, umbes 2 minutit. Segage puljongit ja keetke, kuni see on veidi paksenenud, umbes 1 minut. Maitsesta soola ja pipraga maitse järgi.

f) Jaga farro toiduvalmistamise anumatesse. Kõige peale pane kana, lehtkapsas, kapsas, oad, porgjaid, korijaer ja maapähklid. Säilib kaetult külmkapis 3-4 päeva. Serveeri vürtsika maapähklikastmega.

55. Toores rooskapsa salat

KOOSTISOSAD:
- 1 tass kuiva bulgurit
- 1 keskmine šalottsibul, hakitud
- 8 untsi rooskapsast
- 2 spl oliiviõli
- 1 granaatõun
- 2 spl palsamiäädikat
- 1 pirn, tükeldatud
- ⅛ teelusikatäis soola
- ¼ tassi kreeka pähkleid, jämedalt hakitud
- ⅛ teelusikatäis pipart

JUHISED:
a) Võtke väike kastrul ja ühendage 2 tassi külma vett kuiva bulguriga.
b) Lase segul keema tõusta, seejärel kata see ja aljaa kuumust keskmiselt madalale.
c) Segage aeg-ajalt, kui lasete bulguril 12–15 minutit podiseda või kuni see saavutab pehme konsistentsi.
d) Kui olete lõpetanud, tühjendage liigne vedelik ja asetage bulgur kõrvale jahtuma.
e) Alustage rooskapsa valmistamisega. Eemaldage kõik kõvad või närbunud lehed ja lõigake varred. Lõika rooskapsas pooleks ülaosast allapoole, kuni vars oli varem.
f) Asetage need lamedalt, lõikepool allapoole, ja lõigake need ettevaatlikult ülevalt alla õhukesteks viiludeks.
g) Viska need hakitud rooskapsad õrnalt avarasse kaussi, eraldades kihid ja tõsta kõrvale.
h) Granaatõunast seemnete eraldamiseks hoidke vars puutumatuna ja lõigake viljad ümber, nagu virsiku või avokaado valmistamine. Vältige täielikku lõikamist.
i) Pärast punktide löömist keerake granaatõun nii, et see jaguneks kaheks pooleks, seejärel koorige nahk õrnalt tagasi, et seemned vabaneksid.
j) Hoidke lõigatud poolt allapoole kausi kohal ja koputage granaatõuna tagaküljele puulusikaga, kuni kõik seemned eralduvad.
k) Kombineerige granaatõunaseemned, kreeka pähklid ja pirnid hakitud rooskapsaga.
l) Puhastage jahtunud bulgur kahvliga ja lisage salatile.
m) Klopi eraldi väikeses kausis kokku šalottsibul, õli, äädikas, sool ja pipar. Nirista see kaste salatile ja viska kõik kokku, kuni see on hästi segunenud. Serveeri ja naudi!

56.Virsikusalat hautatud lõhega

KOOSTISOSAD:
- toiduvalmistamise pihusti
- 1 4-6 untsi lõhefilee sulatatud, kui see on eelnevalt külmutatud
- 3 virsikut, viiludeks lõigatud
- ½ terve veiseliha tomat
- 1 tass rooskapsast
- 1 80g beebirakett
- 3 basiiliku lehte
- soola ja pipart maitse järgi
- 1 spl balsamico glasuuri
- 1 tl sidrunimahla

PETIPIIMA RANCH KASTE
- 1/2 tassi hapukoort
- 1/2 tassi petipiima
- 1/4 tassi majoneesi
- 2 küüslauguküünt, hakitud
- 1 napp teelusikatäis soola
- 1/4 tl pipart
- 1-1/2 tl kuivatatud tilli
- 1/4 tassi peeneks hakitud värsket murulauku
- 2 tl värsket sidrunimahla
- Paar kriipsu Tabasco kastet

JUHISED:
a) Kuumuta väike pann pliidil keskmisel-kõrgel kuumusel. Lisa 4 untsi lõhefilee. Maitsesta soola ja pipraga. Küpseta esimeselt poolt umbes 4 minutit ja seejärel keera ümber.

b) Lõhe küpsemise ajal viilutage ½ igast tomatist ja virsikust. Lõika umbes ¼ tolli paksusteks viiludeks.

c) Kata lõhele virsiku- ja tomativiiludega, pigista puuviljadele 1 tl sidrunimahla, nirista puuviljadele 1 sl balsamicoglasuuri ja lisa 3 õhukeselt viilutatud basiilikulehte. Lisa maitse järgi ka soola ja pipart.

d) Sega kastme ained blenderis kokku ja nirista salatile.

SEGADIDUD

57.Kurgi ja idu salat

KOOSTISOSAD:
- 1/2 kurk
- 8 kirsstomatid
- 2 peotäit spinati lehti
- Peotäis salatilehti
- 1/2 purki kikerherneid
- 2 suurt peotäit idusid

RIIDEMINE:
- 1 tl laimi koort
- 1 tl vedelaid aminosid
- 1 spl oliiviõli
- 1-tolline ingver, purustatud
- 1 supilusikatäis apelsini koort
- 1/2 laimi mahl

JUHISED:
a) Aurutage sparglit ja lumeherneid 3-6 minutit madalal kuumusel.
b) Sega hulka spargel ja lumeherned soola ja pipraga.
c) Nirista salatile sidrunimahla.

58.Brokkoli Lillkapsa praadimine

KOOSTISOSAD:
- 4 brokoli õisikut
- 4 lillkapsa õisikut
- 1 pipar
- Peotäis assortii idjaeid
- 3 kevadsibulat
- 1 küüslauguküüs, hakitud Liquid Aminos
- Metsik/pruun riis

JUHISED:
a) Keeda riis juurviljapuljongis, mis on pärmivaba.
b) Prae küüslauku ja sibulat aurutis kolm minutit.
c) Sega hulka ülejäänud koostisosad ja hauta veel paar minutit.

59.Kurkumis röstitud köögiviljakausid

KOOSTISOSAD:
- ½ pea keskmist lillkapsast, lõigatud õisikuteks
- ½ naela porgjait, eemaldatud lehtedega pealsed
- 4 keskmist peeti, lõigatud, kooritud ja kuubikuteks lõigatud
- 4 spl avokaado- või ekstra neitsioliiviõli, jagatud
- 1 tl jahvatatud kurkumit
- 1 tl jahvatatud köömneid
- Koššersool ja värskelt jahvatatud must pipar
- ¾ tassi hirssi
- 1¾ tassi vett, jagatud
- 4 pakitud tassi hakitud lehtkapsast
- ⅛ teelusikatäit punase pipra helbeid
- 4 pošeeritud muna
- 8 redist, kärbitud ja neljaks lõigatud
- 2 talisibulat, ainult rohelised osad, õhukesteks viiludeks
- 1 retsept Cilantro Jogurt Kaste
- Brokkoli, ristik või lutserni idud

JUHISED:

a) Kuumuta ahi 400 °F-ni.

b) Viska lillkapsas, porgja ja peet 2 supilusikatäie õli, kurkumi, köömne, soola ja pipraga.

c) Laota köögiviljad ääristatud ahjuplaadile ühtlase kihina. Rösti, kuni see on pehme ja servadest pruunistunud, umbes 20 minutit, poole peal segades.

d) Samal ajal kuumutage keskmises kastrulis 1 spl õli. Lisage hirss, segage katteks ja röstige 4–5 minutit kuldpruuniks. Valage 1½ tassi vett ja näputäis soola. Vesi hakkab alguses mullitama ja pritsima, kuid settib kiiresti.

e) Kuumuta keemiseni, seejärel aljaa kuumust, kata kaanega ja hauta pehmeks, umbes 15 minutit. Tõsta tulelt ja auruta potis 5 minutit.

f) Kuumuta ülejäänud 1 spl õli suurel pannil keskmisel kuumusel.

g) Lisa lehtkapsas, sool ja punase pipra helbed.

h) Küpseta aeg-ajalt segades, kuni see on lihtsalt närbunud. Valage ülejäänud ¼ tassi vett ja küpseta, kuni rohelised on pehmed ja vedelik imendunud, umbes 5 minutit.

i) Serveerimiseks jaga hirss kausside vahel. Lisage röstitud köögiviljad, lehtkapsas, pošeeritud muna, redis ja talisibul.

j) Nirista peale Cilantro Jogurt Kaste ja kaunista idjaitega.

60.Segatud idanemine ja köögiviljade segamine

KOOSTISOSAD:
- 2 tassi segatud idusid (lutsern, mungoa, spargelkapsas jne)
- 1 tass värvilist paprikat, õhukeselt viilutatud
- 1 tass kirssherneid, otsad kärbitud
- 1 porgja, julieneeritud
- 2 spl sojakastet
- 1 spl seesamiõli
- 1 spl ingverit, hakitud
- 2 küüslauguküünt, hakitud
- 1 spl oliiviõli
- Kaunistuseks seesamiseemned

JUHISED:
a) Kuumutage vokkpannil või pannil oliiviõli keskmisel-kõrgel kuumusel.
b) Lisa hakitud küüslauk ja ingver, prae segades kuni lõhnamiseni.
c) Lisa segatud idud, paprika, kirssherned ja julieneeritud porgja. Prae segades, kuni köögiviljad on pehmed-krõbedad.
d) Vala peale sojakaste ja seesamiõli, viska katteks.
e) Enne serveerimist kaunista seesamiseemnetega.

61. Segatud idu ja kinoa salat

KOOSTISOSAD:
- 2 tassi segatud idusid (lääts, lutsern, kikerhernes jne)
- 1 tass keedetud kinoat
- 1 kurk, tükeldatud
- 1/2 punast sibulat, peeneks hakitud
- 1/4 tassi fetajuustu, purustatud
- 2 spl balsamico vinegretti
- Kaunistuseks värske petersell

JUHISED:
a) Sega suures kausis omavahel segatud idud, keedetud kinoa, kurk, punane sibul ja fetajuust.
b) Nirista peale balsamico vinegretti ja sega õrnalt läbi.
c) Enne serveerimist kaunista värske peterselliga.

62. Segatud idu ja hummuse mähis

KOOSTISOSAD:
- 1 suur täistera tortilla
- 2 tassi segatud idusid
- 1/2 tassi hummust
- 1/2 avokaadot, viilutatud
- 1/4 tassi hakitud porgjait
- Sool ja pipar maitse järgi

JUHISED:
a) Määri hummus ühtlaselt täistera tortillale.
b) Aseta tortilla ühele küljele kihiti segatud idud, avokaadoviilud ja hakitud porgjaid.
c) Maitsesta soola ja pipraga.
d) Keera tortilla tihedalt rulli, et tekiks mähis.
e) Lõika pooleks ja serveeri.

63. Segatud idu ja kana Buddha kauss

KOOSTISOSAD:
- 2 tassi segatud idusid (mungoad, lutsern, redis jne)
- 1 tass keedetud kanarinda, viilutatud
- 1 tass keedetud pruuni riisi
- 1/2 tassi kirsstomateid, poolitatud
- 1/4 tassi hakitud lillat kapsast
- 1/4 tassi viilutatud rediseid
- Tahini kaste:
- 2 supilusikatäit tahini
- 1 spl sidrunimahla
- 1 spl oliiviõli
- Sool ja pipar maitse järgi

JUHISED:
a) Laota keedetud pruun riis kaussi.
b) Tõsta peale segatud idud, viilutatud kana, kirsstomatid, rebitud lilla kapsas ja viilutatud redis.
c) Vahusta väikeses kausis tahini, sidrunimahl, oliiviõli, sool ja pipar.
d) Enne serveerimist nirista kaste Buddha kausi peale.

64. Segatud Idanema ja Tofu Pad Thai

KOOSTISOSAD:
- 2 tassi segatud idusid
- 8 untsi riisinuudleid, keedetud
- 1 tass tahket tofut, kuubikuteks
- 1 tass oa idjaeid
- 1 porgja, julieneeritud
- 2 rohelist sibulat, viilutatud
- 1/4 tassi maapähkleid, hakitud
- Pad Thai kaste:
- 3 spl sojakastet
- 2 supilusikatäit tamarindipastat
- 1 spl vahtrasiirup
- 1 tl sriracha

JUHISED:
a) Prae vokkpannil või suurel pannil tofukuubikud kuldpruuniks.
b) Lisa keedetud riisinuudlid, segatud idud, oavõrsed, julieneeritud porgja ja roheline sibul.
c) Pad Thai kastme valmistamiseks segage väikeses kausis kokku sojakaste, tamarindipasta, vahtrasiirup ja sriracha.
d) Vala kaste nuudlitele ja köögiviljadele, viska katteks.
e) Serveeri kuumalt, kaunistatud hakitud maapähklitega.

65. Segatud idu ja kikerherne karri

KOOSTISOSAD:
- 2 tassi segatud idusid
- 1 purk kikerherneid, nõruta ja loputa
- 1 sibul, peeneks hakitud
- 2 tomatit, tükeldatud
- 1/2 tassi kookospiima
- 2 spl karripulbrit
- 1 spl taimeõli
- Sool ja pipar maitse järgi
- Kaunistuseks värske korijaer

JUHISED:
a) Kuumutage pannil keskmisel kuumusel taimeõli. Prae hakitud sibul läbipaistvaks.
b) Lisa kuubikuteks lõigatud tomatid, segatud idud ja kikerherned. Küpseta paar minutit.
c) Sega juurde karripulber, kookospiim, sool ja pipar. Hauta, kuni idud on pehmed.
d) Enne serveerimist kaunista värske korijariga.
e) Serveeri riisi või naaniga.

66.Segatud idu ja feta täidisega paprika

KOOSTISOSAD:
- 2 tassi segatud idusid
- 4 paprikat, poolitatud ja seemned eemaldatud
- 1 tass keedetud kinoat
- 1/2 tassi fetajuustu, purustatud
- 1/4 tassi Kalamata oliive, tükeldatud
- 2 spl oliiviõli
- 1 spl palsamiäädikat
- Sool ja pipar maitse järgi

JUHISED:
a) Kuumuta ahi temperatuurini 375 °F (190 °C).
b) Sega kausis omavahel segatud idud, keedetud kinoa, fetajuust, Kalamata oliivid, oliiviõli, palsamiäädikas, sool ja pipar.
c) Täitke iga paprika pool seguga.
d) Küpseta umbes 20-25 minutit või kuni paprika on pehme.
e) Serveeri soojalt.

67.Segatud idu ja avokaado sushikauss

KOOSTISOSAD:
- 2 tassi segatud idusid
- 1 tass sushiriisi, keedetud
- 1 avokaado, viilutatud
- 1 kurk, julieneeritud
- 1/4 tassi marineeritud ingverit
- Serveerimiseks sojakastet ja wasabit
- Kaunistuseks seesamiseemned

JUHISED:
a) Laota kaussi keedetud sushiriis, segatud idud, avokaadoviilud ja julieneeritud kurk.
b) Tõsta peale marineeritud ingver ja puista üle seesamiseemnetega.
c) Serveeri sojakastme ja wasabiga kõrvale.
d) Nautige dekonstrueeritud sushikaussi!

MUNGIDUD

68.Ema Mung Idanema salat

KOOSTISOSAD:
- 1 tass idjaatud terveid rohelisi läätsi
- 1 roheline sibul, hakitud
- 1 tomat, tükeldatud
- ½ punast või kollast paprikat, hakitud
- 1 kurk, kooritud ja tükeldatud
- 1 kartul, keedetud, kooritud ja tükeldatud
- 1-osaline ingverijuur, kooritud ja riivitud või hakitud
- 1 roheline Tai, serrano või cayenne'i tšilli, tükeldatud
- ¼ tassi hakitud värsket korijarit
- ½ sidruni või laimi mahl
- ½ tl meresoola
- ½ tl punase tšilli pulbrit või Cayenne'i
- ½ tl õli

JUHISED:
a) Kombineerige kõik koostisosad ja segage hästi.

69.Hiina stiilis Gado Gado salat

KOOSTISOSAD:
- Maapähklikaste
- 2 punast squashit
- 2 kõvaks keedetud muna
- ½ inglise kurki
- ½ tassi lumeherneid
- ½ tassi lillkapsast
- ½ tassi spinati lehti
- ½ tassi porgjait, tükeldatud
- ½ tassi mungoa idjaeid
- Tofu (valikuline)

JUHISED:
a) Keeda kõrvits koos koorega ja viiluta. Keeda munad ja lõika õhukesteks viiludeks. Koori kurk ja lõika õhukesteks viiludeks. Nöörile lumeherned. Tükelda lillkapsas.
b) Blanšeerige lumeherned, spinatilehed, porgjaid ja oad.
c) Laota köögiviljad vaagnale, töötades väljast sissepoole. Köögiviljad võid järjestada suvalises järjekorras, kuid peale tuleks panna keedumunaviilud.
d) Vala maapähklikaste salatile. Serveeri kohe.

70. Mungoa idude salat

KOOSTISOSAD:
- 2 tassi mungoa idjaeid
- 1 kurk, õhukeselt viilutatud
- 1 porgja, julieneeritud
- 1/2 punast paprikat, õhukeselt viilutatud
- 1/4 tassi korijarit, tükeldatud
- 2 spl sojakastet
- 1 spl seesamiõli
- 1 spl riisiäädikat
- 1 tl suhkrut
- Kaunistuseks seesamiseemned

JUHISED:
a) Segage suures kausis mungoa idud, kurk, porgja, punane paprika ja korijaer.
b) Vahusta väikeses kausis sojakaste, seesamiõli, riisiäädikas ja suhkur.
c) Vala kaste salatile ja viska õrnalt katteks.
d) Enne serveerimist kaunista seesamiseemnetega.

71. Praetud mungoa idud tofuga

KOOSTISOSAD:
- 2 tassi mungoa idjaeid
- 1 tass eriti tugevat tofut, kuubikutena
- 1 tass kirssherneid, otsad kärbitud
- 1 porgja, julieneeritud
- 2 spl sojakastet
- 1 spl austrikastet
- 1 spl seesamiõli
- 2 küüslauguküünt, hakitud
- 1 tl ingverit, riivitud
- Kaunistuseks roheline sibul

JUHISED:
a) Kuumutage vokkpannil või pannil seesamiõli keskmisel-kõrgel kuumusel.
b) Lisa hakitud küüslauk ja riivitud ingver, prae segades kuni lõhnamiseni.
c) Lisa tofukuubikud ja küpseta kuldpruuniks.
d) Lisa herned, julieneeritud porgja ja mungoa idud. Prae segades, kuni köögiviljad on pehmed-krõbedad.
e) Vala peale sojakaste ja austrikaste, viska katteks.
f) Enne serveerimist kaunista hakitud rohelise sibulaga.

72. Mungoa idude ja kana nuudlisupp

KOOSTISOSAD:
- 2 tassi mungoa idjaeid
- 1 tass keedetud kanarind, tükeldatud
- 2 tassi kanapuljongit
- 1 tass riisinuudleid, keedetud
- 1 porgja, viilutatud
- 1/2 tassi baby bok choy, tükeldatud
- 1 spl sojakastet
- 1 tl seesamiõli
- Kaunistuseks värske korijaer

JUHISED:
a) Aja potis kanapuljong keema.
b) Lisa mungoa idud, tükeldatud kana, viilutatud porgja ja baby bok choy.
c) Küpseta, kuni köögiviljad on pehmed.
d) Segage keedetud riisinuudlid, sojakaste ja seesamiõli.
e) Enne serveerimist kaunista värske korijariga.

73. Mungoa idu ja krevettide suverullid

KOOSTISOSAD:
- Riisipaberist ümbrised
- 1 tass mungoa idjaeid
- 1/2 naela keedetud krevette, kooritud ja tükeldatud
- 1 kurk, julieneeritud
- Värsked piparmündilehed
- Riisinuudlid, keedetud
- Hoisin-maapähkli dipikaste:
- 3 spl hoisin kastet
- 2 spl maapähklivõid
- 1 spl sojakastet
- 1 spl laimimahla

JUHISED:
a) Valmistage riisipaberist ümbrised vastavalt pakendi **juhistele.**
b) Asetage iga ümbris tasaseks ja täitke mungoa võrsete, keedetud krevettide, kurgi, piparmündilehtede ja riisinuudlitega.
c) Rullige ümbris tihedalt rulli, keerates küljed kokku.
d) Dipikastme jaoks klopi kokku hoisin-kaste, maapähklivõi, sojakaste ja laimimahl.
e) Serveeri suverullid koos dipikastmega.

DAIKONI IDUD

74. Merejaide salat värske Wasabi vinegretiga

KOOSTISOSAD:
VÄRSKE VASABIVIINIGRETTI KOHTA:
- 2 spl värsket riivitud wasabit (võib asendada 1 spl värske mädarõika ja 2 tl wasabi pulbriga)
- 1 supilusikatäis õhukest sojakastet
- 1 sidruni mahl
- 1 tl Suhkur
- ⅓ tassi rapsiõli
- Sool, maitse järgi

SALATI JAOKS:
- ¼ naela Valitud krabiliha
- 2 pooleks lõigatud homaari saba
- 12 suurt krevetti, kooritud ja tükeldatud
- 4 tassi Mizuna (teatud tüüpi salat)
- 4 küpset roma tomatit, viilutatud
- 1 pakk Daikoni idud

JUHISED:
VÄRSKE VASABIVIINIGRETTI KOHTA:
a) Sega kausis värske riivitud wasabi (või mädarõika ja wasabipulbri segu) sojakastme, sidrunimahla ja suhkruga.

b) Vahusta rapsiõli, kuni vinegrett on hästi segunenud. Maitsesta maitse järgi soolaga.

SALATI JAOKS:
c) Küpseta homaari sabasid ja krevette, kuni need on läbi küpsenud ega ole enam läbipaistvad. Sõltuvalt oma eelistustest saate neid keeta või grillida. Pärast küpsetamist laske neil jahtuda.

d) Kui mereannid on jahtunud, tükeldage homaari sabad suupärasteks tükkideks.

e) Segage suures kausis tükeldatud homaari sabad, korjatud krabiliha ja kooritud krevetid.

f) Lisa merejaidega kaussi mizuna (või mõni eelistatud salatiroheline) ja viilutatud roma tomatid.

g) Valage valmistatud värske wasabi vinegrett salatile.

h) Segage kõik koostisosad õrnalt kokku, tagades, et need on vinegretiga korralikult kaetud. Maitse ja vajadusel maitsesta soolaga.

i) Serveerimiseks jaga segatud merejaide salat nelja taldriku vahel.

j) Kaunistage iga salat daikoni idudega, et lisada maitset ja esitlust.

k) Naudi oma värskendavat segatud merejaide salatit värske Wasabi vinegretiga!

75. Daikon Idanema ja suitsulõhe sushirull

KOOSTISOSAD:
- Nori linad
- Sushi riis
- Daikon idud
- Suitsulõhe viilud
- Avokaado, viilutatud
- Dippimiseks sojakaste

JUHISED:
a) Laota nori leht bambusest sushimatile.
b) Määri norile kiht sushiriisi.
c) Aseta ühele servale daikonidud, suitsulõhe ja avokaado.
d) Rulli sushi tihedalt rulli ja lõika ampsusuurusteks tükkideks.
e) Serveeri sojakastmega.

76.Daikoni idude ja kanasalati mähised

KOOSTISOSAD:
- Jääsalati lehed
- Keedetud ja tükeldatud kana
- Daikon idud
- Purustatud porgjaid
- Hoisin kaste
- Sojakaste
- seesamiõli
- Kaunistuseks hakitud maapähklid

JUHISED:
a) Sega kausis tükeldatud kanaliha, daikonidud ja hakitud porgja.
b) Klopi eraldi kausis kokku hoisin kaste, sojakaste ja seesamiõli.
c) Tõsta kanasegu lusikaga salatilehtedesse.
d) Nirista kaste mähispidele ja kaunista hakitud maapähklitega.

77.Daikon Idanema ja Quinoa Kaussi

KOOSTISOSAD:
- Keedetud kinoa
- Daikon idud
- Kirsstomatid, poolitatud
- Kurk, tükeldatud
- Feta juust, murendatud
- Oliiviõli
- Palsamiäädikas
- Sool ja pipar maitse järgi

JUHISED:
a) Sega kausis kinoa, daikonid, kirsstomatid, kurk ja fetajuust.
b) Nirista peale oliiviõli ja palsamiäädikat.
c) Maitsesta soola ja pipraga.
d) Viska õrnalt läbi ja serveeri.

78. Daikoni idu ja avokaado salat

KOOSTISOSAD:
- Daikon idud
- Avokaado, viilutatud
- Redis, õhukeselt viilutatud
- Punane sibul, õhukeselt viilutatud
- Sidrunivinegrett:
- 2 spl oliiviõli
- 1 spl sidrunimahla
- 1 tl mett
- Sool ja pipar maitse järgi

JUHISED:
a) Aseta serveerimisvaagnale daikonid, avokaadoviilud, redised ja punane sibul.
b) Sega väikeses kausis oliiviõli, sidrunimahl, mesi, sool ja pipar.
c) Enne serveerimist nirista salatile vinegrett.

79.Daikon Idanema ja Krevetid Stir-Fry

KOOSTISOSAD:
- Krevetid, kooritud ja tükeldatud
- Daikon idud
- Brokkoli õisikud
- Paprika, viilutatud
- Küüslauk, hakitud
- Ingver, riivitud
- Sojakaste
- seesamiõli
- Punase pipra helbed (valikuline)

JUHISED:
a) Kuumutage vokkpannil või pannil seesamiõli keskmisel-kõrgel kuumusel.
b) Lisa hakitud küüslauk ja riivitud ingver, prae segades kuni lõhnamiseni.
c) Lisa krevetid, daikonid, brokkoli ja paprika. Küpseta, kuni krevetid on roosad ja köögiviljad pehmed-krõbedad.
d) Nirista üle sojakastmega ja viska peale.
e) Soovi korral puista enne serveerimist peale punase pipra helbeid.

HIRSIDUD

80. Hirsisidu ja juurviljapraad

KOOSTISOSAD:
- 2 tassi hirsi idud
- Köögiviljasegu (paprika, spargelkapsas, porgja), õhukesteks viiludeks
- Tofu või kana, kuubikuteks
- Sojakaste
- seesamiõli
- Küüslauk, hakitud
- Ingver, riivitud
- Roheline sibul, hakitud
- Serveerimiseks keedetud hirss või riis

JUHISED:
a) Kuumutage vokkpannil või pannil seesamiõli keskmisel-kõrgel kuumusel.
b) Lisa hakitud küüslauk ja riivitud ingver, prae segades kuni lõhnamiseni.
c) Lisa tofu või kana, küpseta pruunistumiseni.
d) Lisa segatud köögiviljad ja hirsivõrsed, prae segades, kuni köögiviljad on pehmed-krõbedad.
e) Nirista üle sojakastmega ja viska peale.
f) Kaunista hakitud rohelise sibulaga ja serveeri keedetud hirsi või riisiga.

81.Hirsi võrse ja avokaado salat

KOOSTISOSAD:
- 2 tassi hirsi idud
- Segatud salatiroheline
- Avokaado, viilutatud
- Kirsstomatid, poolitatud
- Punane sibul, õhukeselt viilutatud
- Feta juust, murendatud
- Balsamico vinegrett

JUHISED:
a) Segage suures kausis hirsivõrsed, salatirohelised, avokaado, kirsstomatid, punane sibul ja fetajuust.
b) Nirista peale balsamico vinegretti.
c) Segamiseks segage õrnalt.
d) Serveeri kohe värskendava salatina.

82. Hirsi võrse ja kikerherne Buddha kauss

KOOSTISOSAD:
- 2 tassi hirsi idud
- Keedetud kikerherned
- Röstitud bataat, kuubikuteks
- Kinoa, keedetud
- Kurk, tükeldatud

TAHINI RIIDE:
- 2 supilusikatäit tahini
- 1 spl sidrunimahla
- 1 spl oliiviõli
- Sool ja pipar maitse järgi

JUHISED:
a) Pane kaussi kokku hirsivõrsed, keedetud kikerherned, röstitud bataat, kinoa ja tükeldatud kurk.
b) Vahusta väikeses kausis tahini, sidrunimahl, oliiviõli, sool ja pipar.
c) Nirista kaste kausi peale.
d) Enne nautimist loksuta kergelt läbi.

83.Hirsi idu ja kookose karri

KOOSTISOSAD:
- 2 tassi hirsi idud
- 1 purk kikerherneid, nõrutatud
- Köögiviljasegu (suvikõrvits, paprika, porgja), kuubikuteks
- 1 purk kookospiima
- Punane karri pasta
- Küüslauk, hakitud
- Ingver, riivitud
- Sojakaste
- Serveerimiseks keedetud pruun riis

JUHISED:
a) Hauta suures potis hakitud küüslauk ja riivitud ingver.
b) Lisa segatud köögiviljad, kikerherned ja hirsivõrsed. Küpseta, kuni köögiviljad on pehmed.
c) Sega maitse järgi punast karripastat.
d) Vala sisse kookospiim ja sojakaste. Hauta, kuni see on läbi kuumutatud.
e) Serveeri keedetud pruuni riisiga.

84. Hirssi võrsed salat

KOOSTISOSAD:
- ⅓ tassi hirsi idud
- ½ tassi keedetud maapähkleid / konserveeritud kikerherneid
- 1 roheline tšilli
- 1 tl riivitud ingverit
- 1 spl hakitud sibulat
- 1,5 spl hakitud tomatit
- 3 supilusikatäit hakitud paprikat
- ½ tassi hakitud porgjait
- Sidrunimahl
- 1 spl hakitud korijarit
- ¼ teelusikatäit musta soola
- ½ tl maitsestatud soola

JUHISED:
a) Lisa segamisnõusse keedetud ja jahutatud maapähkel.
b) Lisage ülejäänud ettevalmistatud köögiviljad.
c) Lisa sool, korijarilehed ja pigista peale värske sidrunimahl.
d) Viimasena lisa hirsivõrsed ja serveeri kohe.

LÄÄTSIDUD

85.Läätse idu ja kinoa salat

KOOSTISOSAD:
- 2 tassi läätse idud
- 1 tass keedetud kinoat
- Kirsstomatid, poolitatud
- Kurk, tükeldatud
- Punane sibul, peeneks hakitud
- Feta juust, murendatud
- Sidrunivinegrett:
- 3 supilusikatäit oliiviõli
- 1 sidruni mahl
- 1 tl Dijoni sinepit
- Sool ja pipar maitse järgi

JUHISED:
a) Segage suures kausis läätse idud, keedetud kinoa, kirsstomatid, kurk, punane sibul ja fetajuust.
b) Sega väikeses kausis oliiviõli, sidrunimahl, Dijoni sinep, sool ja pipar.
c) Nirista vinegrett salatile ja sega õrnalt läbi.
d) Serveeri jahutatult.

86. Läätse idu ja kikerherne karri

KOOSTISOSAD:
- 2 tassi läätse idud
- 1 purk kikerherneid, nõruta ja loputa
- 1 sibul, peeneks hakitud
- 2 tomatit, tükeldatud
- Kookospiim
- karri pulber
- Küüslauk, hakitud
- Ingver, riivitud
- Kaunistuseks korijarilehed
- Serveerimiseks keedetud riis

JUHISED:
a) Pruunista pannil hakitud küüslauk, riivitud ingver ja hakitud sibul läbipaistvaks.
b) Lisa kuubikuteks lõigatud tomatid, läätse idud ja kikerherned. Küpseta paar minutit.
c) Sega maitse järgi karripulbrit.
d) Vala juurde kookospiim ja hauta läbikuumenemiseni.
e) Serveeri keedetud riisiga, kaunistatud korijari lehtedega.

87. Idjaatud läätsesalat

KOOSTISOSAD:
IDANUSTATUD SALAT
- 2 tassi idjaatud läätsi
- 2 tassi värskeid rukola lehti
- ½ tassi purustatud porgjait
- 4 viilutatud värsket rohelist sibulat, nii valged kui rohelised osad

SALATIKASTE
- ¼ tassi ekstra neitsioliiviõli
- 1 spl punase veini äädikat või suvalist äädikat
- 2 tl pruuni või Dijoni sinepit
- ½ tl soola
- ½ tl küüslaugupulbrit
- ½ tl suitsutatud paprikat
- ½ tl vahtrasiirupit
- ¼ tl jahvatatud musta pipart

JUHISED:
SALAT
a) Lisa suurde segamis- või salatikaussi idjaatud läätsed, rukola, porgja ja roheline sibul. Sega kombineerimiseks.

RIIDEMINE
b) Sega väikeses kausis õli, äädikas, sinep, sool, küüslaugupulber, paprika, vahtrasiirup ja pipar. Vahusta ühtlaseks.
c) Selle kokku panemine
d) Vala kaste salatile, seejärel viska katteks. Nautige!

88.Läätse idu ja avokaado röstsai

KOOSTISOSAD:
- Täistera leiva viilud
- Läätse idud
- Avokaado, purustatud
- Kirsstomatid, viilutatud
- Punase pipra helbed (valikuline)
- Sidruni viilud
- Sool ja pipar maitse järgi

JUHISED:
a) Rösti täistera leivaviilud.
b) Määri igale viilule püreestatud avokaado.
c) Laota peale läätse idud, viilutatud kirsstomatid ja soovi korral punase pipra helbed.
d) Maitsesta soola ja pipraga maitse järgi.
e) Serveeri sidrunipigistusega.

89.Läätse idu ja spinati omlett

KOOSTISOSAD:
- Munad
- Läätse idud
- Värsked spinati lehed
- Feta juust, murendatud
- Kirsstomatid, poolitatud
- Oliiviõli
- Sool ja pipar maitse järgi

JUHISED:
a) Klopi kausis lahti munad ning maitsesta soola ja pipraga.
b) Kuumuta oliiviõli pannil keskmisel kuumusel.
c) Vala lahtiklopitud munad pannile.
d) Kui servad tarduvad, puista ühele poolele omletile läätse idusid, värskeid spinatilehti, murendatud fetajuustu ja poolitatud kirsstomateid.
e) Voldi teine pool lisjaitele ja küpseta, kuni munad on täielikult hangunud.
f) Libista omlett taldrikule ja serveeri.

KIKERAIDUD

90.Kikerhernesalat

KOOSTISOSAD:
- 2 tassi kikerherne idud
- 1 kurk, tükeldatud
- 1 tass kirsstomateid, poolitatud
- 1/2 punast sibulat, peeneks hakitud
- 1/4 tassi fetajuustu, purustatud
- 2 spl oliiviõli
- 1 spl palsamiäädikat
- Sool ja pipar maitse järgi

JUHISED:
a) Sega suures kausis kokku kikerherne idud, kuubikuteks lõigatud kurk, kirsstomatid, punane sibul ja fetajuust.
b) Vahusta väikeses kausis oliiviõli, palsamiäädikas, sool ja pipar.
c) Vala kaste salatile ja sega õrnalt läbi.
d) Serveeri jahutatult.

91. Idjaatud kikerhernehummus

KOOSTISOSAD:
- 2 küüslauguküünt
- 1/3 tassi tahini
- 1/2 tl soola
- 2 tl jahvatatud köömneid
- 1/4 tl suitsutatud paprikat (valikuline)
- 1 sidruni koor
- 4 spl värskelt pressitud sidrunimahla
- 4 spl oliiviõli
- 4 tassi (500 g) idjaatud kikerherneid

JUHISED:
a) Lülitage küüslauk köögikombainis kuni hakklihani. Lisa kõik ülejäänud koostisosad, välja arvatud idjaatud kikerherned, ja blenderda, kuni saad pasta.
b) Lisa kikerherned ja blenderda kõrgel kuumusel võimalikult ühtlaseks.
c) Maitsesta maitse järgi ja soovi korral lisa veel soola/vürtse.
d) Serveeri kohe ja säilita ülejääke õhukindlas anumas kuni viis päeva.

92.Kikerherne idanemine ja kana praadimine

KOOSTISOSAD:
- 2 tassi kikerherne idud
- 1 tass keedetud kanarinda, viilutatud
- 1 paprika, julieneeritud
- 1 tass brokkoli õisikuid
- 2 spl sojakastet
- 1 spl hoisin kastet
- 1 spl seesamiõli
- 2 küüslauguküünt, hakitud
- 1 tl ingverit, riivitud

JUHISED:
a) Kuumutage vokkpannil või pannil seesamiõli keskmisel-kõrgel kuumusel.
b) Lisa hakitud küüslauk ja riivitud ingver, prae segades kuni lõhnamiseni.
c) Lisa viilutatud kana, paprika ja brokkoli. Küpseta, kuni kana on läbi kuumenenud ja köögiviljad pehmed-krõbedad.
d) Lisa kikerherne idud, sojakaste ja hoisin kaste. Segage ja küpseta lühidalt, kuni idud on lihtsalt närbunud.
e) Serveeri kuumalt.

93.Idjaatud kikerhernes praadida

KOOSTISOSAD:
- 1 tass musti kikerherneid
- 2 keskmise suurusega sibulat peeneks hakitud
- 5 küüslaugukauna hakitud
- 1 roheline tšillilõik
- 2 supilusikatäit riivitud kookospähklit
- 1 supilusikatäis tamarindi viljaliha
- 1 tl punase tšilli pulbrit
- ½ tl kurkumipulbrit
- Kaunistuseks 1 spl hakitud korijarilehti
- Soola maitseks
- 2 spl õli

JUHISED:
a) Idjaage mustad kikerherned, leotades neid öösel (1. päeval) 6 tassi vees.
b) Järgmisel päeval (2. päeval) tühjendage vesi ja laotage mustad kikerherned sõelale.
c) Pese kurnal olevad mustad kikerherned ja kata 2. päeva õhtul taldrikuga.
d) 3. päeval hakkavad ilmuma kenad idud. Nad võivad tärgata isegi teisel päeval öösel.
e) Idjaatud kikerherned survekeeda, lisades vett. Veetase peaks olema vähemalt 1 tolli kõrgusel kikerhernestest. Piisaks vaid 2 vilest, sest need oleksid pehmed. Lülitage gaas välja ja hoidke kõrvale.
f) Kuumuta kadai ja lisa 2 spl õli. Kui õli kuumeneb, lisa hakitud sibul ja prae. Kui sibul muutub roosakaks, lisage hakitud või hakitud küüslauk ja segage 2 minutit, kuni küüslaugu toores lõhn kaob. Lisa roheline tšilli ja sega.
g) Lisa keedetud kikerherned ja sega läbi.
h) Nüüd lisa tamarindi viljaliha, tšillipulber, kurkumipulber, riivitud kookospähkel ja sool ning sega korralikult läbi.
i) Kaunista hakitud korijarilehtedega.

KINOAIDUD

94.Kinoa idanemine ja köögiviljade segamine

KOOSTISOSAD:
- 2 tassi kinoa idud
- Köögiviljasegu (paprika, spargelkapsas, porgja), õhukesteks viiludeks
- Tofu või kana, kuubikuteks
- Sojakaste
- seesamiõli
- Küüslauk, hakitud
- Ingver, riivitud
- Roheline sibul, hakitud
- Serveerimiseks keedetud kinoa

JUHISED:
a) Kuumutage vokkpannil või pannil seesamiõli keskmisel-kõrgel kuumusel.
b) Lisa hakitud küüslauk ja riivitud ingver, prae segades kuni lõhnamiseni.
c) Lisa tofu või kana, küpseta pruunistumiseni.
d) Lisa segatud köögiviljad ja kinoa idud, prae segades, kuni köögiviljad on pehmed-krõbedad.
e) Nirista üle sojakastmega ja viska peale.
f) Kaunista hakitud rohelise sibulaga ja serveeri keedetud kinoa peal.

95.Kinoa idu ja musta oa salat

KOOSTISOSAD:
- 2 tassi kinoa idud
- 1 purk musti ube, nõruta ja loputa
- Maisituumad (värsked või külmutatud)
- Punane paprika, tükeldatud
- Punane sibul, peeneks hakitud
- Korijaer, hakitud

LEEMIVIINIGRETT:
- 3 supilusikatäit oliiviõli
- 2 laimi mahl
- 1 tl köömneid
- Sool ja pipar maitse järgi

JUHISED:
a) Segage suures kausis kinoa idud, mustad oad, mais, tükeldatud punane paprika, punane sibul ja korijaer.
b) Vahusta väikeses kausis oliiviõli, laimimahl, köömned, sool ja pipar.
c) Vala vinegrett salatile ja sega õrnalt läbi.
d) Serveeri jahutatult.

96.Quinoa Idanema ja Mango Kaste Mähis

KOOSTISOSAD:
- Täistera tortilla
- 2 tassi kinoa idud
- Mango, tükeldatud
- Punane sibul, peeneks hakitud
- Jalapeño, hakitud
- Korijaer, hakitud
- Avokaado, viilutatud
- Laimi mahl
- Sool ja pipar maitse järgi

JUHISED:
a) Sega kausis kinoa idud, tükeldatud mango, punane sibul, jalapeño ja korijaer.
b) Pigista segule laimimahl ning maitsesta soola ja pipraga.
c) Määri kinoa idane ja mangokaste täistera tortillale.
d) Kõige peale tõsta viilutatud avokaado.
e) Rulli tortilla ümbrisesse ja lõika serveerimiseks pooleks.

97.Quinoa võrse ja kana Buddha kauss

KOOSTISOSAD:
- 2 tassi kinoa idud
- Keedetud kanarind, viilutatud
- Röstitud bataat, kuubikuteks
- Avokaado, viilutatud
- Kurk, julieneeritud
- Tahini kaste:
- 2 supilusikatäit tahini
- 1 spl sidrunimahla
- 1 spl oliiviõli
- Sool ja pipar maitse järgi

JUHISED:
a) Pane kaussi kokku kinoa idud, viilutatud kana, röstitud bataat, viilutatud avokaado ja julieneeritud kurk.
b) Vahusta väikeses kausis tahini, sidrunimahl, oliiviõli, sool ja pipar.
c) Nirista kaste kausi peale.
d) Enne nautimist loksuta kergelt läbi.

FENUGREEKI IDUD

98.Fenugreek idu ja Moong Dali salat

KOOSTISOSAD:
- 2 tassi lambaläätse idud
- 1 tass keedetud moong dal (lõigatud kollased läätsed)
- Kirsstomatid, poolitatud
- Punane sibul, peeneks hakitud
- Värsked korijari lehed, hakitud
- Sidrunimahl
- Chaat masala
- Sool ja pipar maitse järgi

JUHISED:
a) Sega kausis lambaläätse idud, keedetud moong dal, kirsstomatid, punane sibul ja värske korijaer.
b) Pigista salatile peale sidrunimahl.
c) Puista peale chaat masala, maitse järgi soola ja pipart.
d) Viska õrnalt läbi ja serveeri värskendava salatina.

99.Fenugreek idu ja spinat Paratha

KOOSTISOSAD:
- 2 tassi lambaläätse idud
- 1 tass värsket spinatit, peeneks hakitud
- Täistera nisujahu
- Vesi
- Soola maitse järgi
- Ghee või õli toiduvalmistamiseks

JUHISED:
a) Sega kausis kokku lambaläätse idud, hakitud spinat, täistera nisujahu ja näpuotsaga soola.
b) Lisa vähehaaval vesi ja sõtku segu pehmeks tainaks.
c) Jagage tainas väikesteks osadeks ja rullige igaüks palliks.
d) Rullige iga pall lamedaks ümaraks parathaks.
e) Küpseta parathasid kuumal grillil ghee või õliga, kuni mõlemad pooled on kuldpruunid.
f) Serveeri lambaläätse idu ja spinati parathas kuumalt.

100. Fenugreek idu ja tomati chutney

KOOSTISOSAD:
- 2 tassi lambaläätse idud
- 4 tomatit, tükeldatud
- 1 sibul, hakitud
- 2 rohelist tšillit, tükeldatud
- Küüslauguküüned, hakitud
- Sinepiseemned
- Köömne seemned
- karri lehed
- Soola maitse järgi
- Õli toiduvalmistamiseks

JUHISED:
a) Kuumuta pannil õli ja lisa sinepiseemned, köömned ja karrilehed. Laske neil pritsida.
b) Lisa hakitud sibul, roheline tšilli ja hakitud küüslauk. Prae, kuni sibul on läbipaistev.
c) Lisa tükeldatud tomatid ja küpseta, kuni need muutuvad pehmeks.
d) Sega juurde lambaläätse idud ja küpseta paar minutit.
e) Maitsesta soolaga ja jätka keetmist, kuni segu pakseneb.
f) Serveeri lambaläätse idu ja tomatitšatnit riisiga või lisjaina.

KOKKUVÕTE

Loodame, et " Ülimaalne Idu Kookraamat " viimaseid lehekülgi sulgedes olete oma kulinaarses repertuaaris kogenud idjaite muutvat jõudu. Värskendavatest salatitest toekate pearoogade ja rahvusvaheliste hõrgutusteni – need retseptid on näidanud uskumatult palju võimalusi, mida idjaid lauale toovad.

Idjaite lisamine toidukordadesse ei ole lihtsalt kulinaarne valik; see on pühendumine tervislikumale ja elujõulisemale elustiilile. Selle kokaraamatu 100 retsepti on rohkem kui juhiste kogum ; need kutsuvad omaks võtma idjaite headust ning lisama oma igapäevastesse toidukordadesse värskuse ja elujõu puhang.

Täname, et liitusite meiega sellel maitsval teekonnal. Olgu teie köök täidetud ahvatlevate aroomide ja tervisliku headusega, mille " Ülimaalne Idu Kookraamat " on teie taldrikule toonud. Siin on maitsvad, toitvad ja idjaid täis seiklused teie köögi südames!

www.ingramcontent.com/pod-product-compliance
Lightning Source LLC
Chambersburg PA
CBHW071332110526
44591CB00010B/1121